Satz für Satz
Englisch B1
Grammatik üben mit der Übersetzungs-Methode

von
Magdalena Filak
Filip Radej

PONS

Satz für Satz
Englisch B1
Grammatik üben mit der Übersetzungs-Methode

von
Magdalena Filak
Filip Radej

4. Auflage 2026

Originaltitel: Angielski w tłumaczeniach. Gramatyka cz. 3

Übersetzung: Dr. Christiane Wirth und Torsten Lasse
Logoentwurf: Erwin Poell, Heidelberg
Logoüberarbeitung: Sabine Redlin, Ludwigsburg
Bildnachweis Cover: Kugelschreiber: Shutterstock/prapann
Satz: Digraf.pl – dtp services
Druck und Bindung: Multiprint Ltd., Kostinbrod

ISBN: 978-3-12-562315-6

Danke für Ihr Vertrauen!

Wir bei PONS sind der Überzeugung: Wer Sprachen spricht, dem steht die Welt offen. Aus diesem Grund entwickeln wir seit über 40 Jahren hochwertige Wörterbücher und Sprachlern-Produkte und entwerfen ständig neue didaktische Konzepte, um für alle Lernenden das Passende anbieten zu können.

Helfen Sie uns mit Ihrem Feedback!

Sind Sie mit dieser Übungsgrammatik zufrieden?

Dann freuen wir uns über Ihre **Weiterempfehlung**. Erzählen Sie es Ihrem Freundeskreis, der Buchhandlung Ihres Vertrauens oder schreiben Sie eine **Online-Rezension** und helfen Sie uns, dieses Buch anderen näherzubringen.

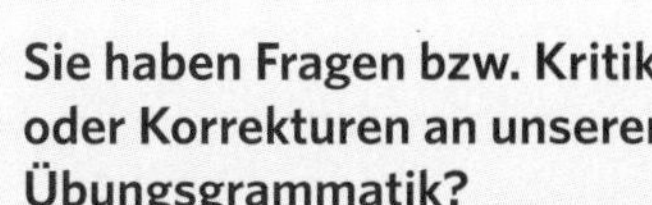

Sie haben Fragen bzw. Kritik oder Korrekturen an unserer Übungsgrammatik?

Wir freuen uns über Ihre Anregungen. Schreiben Sie uns eine Nachricht auf **www.pons.de/kontakt**.

Ihr Feedback hilft uns, unsere Produkte immer weiter zu verbessern.

Herzlichen Dank für Ihre Unterstützung und viel Spaß & Erfolg beim Sprachenlernen.

Ihre PONS-Redaktion

Vorwort

Kennen Sie das? Sie lernen eine Grammatikregel, lesen die Erklärungen – und wenn es daran geht, das Wissen in die Praxis umzusetzen, werden Sie plötzlich unsicher ...
Mit der PONS Übungsgrammatik *Satz für Satz* Englisch B1 lernen Sie auf eine einzigartige Art und Weise die Grammatik der englischen Sprache, indem Sie einfache deutsche Sätze aus dem Alltag ins Englische übersetzen. Dadurch erwerben Sie einerseits Kenntnisse über die grammatischen Phänomene, andererseits erweitern Sie durch das Übersetzen Ihren Wortschatz. Direkt bei jedem einzelnen Satz helfen Ihnen Tipps und Erklärungen, die Regeln richtig anzuwenden.
Das Buch enthält 36 Lektionen mit Übungen und Erklärungen zur englischen Grammatik auf der Niveaustufe B1 des Gemeinsamen Europäischen Referenzrahmens (GER). Jede Lektion enthält 34 Sätze zu alltäglichen Themen.

Und so gehen Sie vor:

1. Auswählen
Wählen Sie im Inhaltsverzeichnis ein bestimmtes Grammatikthema, das Sie interessiert bzw. in dem Sie sich verbessern wollen.

2. Übersetzen
Decken Sie die auf der rechten Seite stehenden Lösungen mit einem Blatt ab, und übersetzen Sie die deutschen Sätze auf der linken Seite ins Englische auf den dafür vorgesehenen Schreiblinien.

3. Lösungen vergleichen
Die Lösungen stehen dann ohne langes Blättern direkt neben Ihren Übersetzungen auf der rechten Seite. Vergleichen Sie Ihre Übersetzungen mit den Lösungen. Im Zweifelsfall oder bei Fragen helfen die Grammatiktipps und -regeln auf der rechten Seite in der rechten Spalte.

Hinweis: Die PONS-Redaktion ist sich durchaus bewusst, dass es nicht immer nur eine richtige Lösung beim Übersetzen geben kann. Dennoch haben wir hier nur eine Lösung angegeben, von der wir denken, dass sie am besten passt.

Ein Grammatikthema ist Ihnen noch gänzlich unbekannt? Kein Problem! Dann lesen Sie zuerst die Grammatikerklärungen auf der rechten Seite und übersetzen danach die Übungsseite.
Dieses Buch kann sowohl als Zusatzmaterial zu einem Sprachkurs als auch zum reinen Selbststudium verwendet werden.

Viel Erfolg!
Ihre PONS-Redaktion

Benutzerhinweise

1. **Wählen Sie ein Thema** aus. Decken Sie die Lösungen auf der rechten Seite ab.

3. **Decken Sie die Lösungen auf** und prüfen Sie Ihre Übersetzung.

4. Hier finden Sie Erklärungen zur **Grammatik**, nützliche Tipps und Kommentare zu den häufigsten Fehlern.

UNIT 9 **Present Perfect Simple vs. Continuous**

1. Wie lange liest du dieses Buch schon?
2. Wie viele Seiten hast du gelesen?
3. Ich lese es erst seit drei Tagen, aber ich muss zugeben, dass es toll ist.
4. Ich habe es schon gelesen.
5. Ich habe bisher für sechs verschiedene Unternehmen gearbeitet.
6. Für dieses arbeite ich seit drei Jahren.
7. Wir putzen unsere neue Wohnung seit dem frühen Morgen.
8. Wir haben bisher zwei Zimmer geputzt.
9. Und du? Was hast du heute gemacht?
10. Ich habe im Garten gearbeitet.
11. Das sieht man, weil deine Hose ganz schmutzig ist.
12. Ich weiß. Ich bin noch nicht fertig.
13. Also, was hast du bisher gemacht?
14. Er hat Englisch in drei verschiedenen Ländern unterrichtet.
15. Er unterrichtet seit zehn Jahren Englisch.
16. Es regnet jetzt/schon seit einer Stunde.
17. Wie oft hat es diesen Monat geregnet?

40

Hints & clues 9

1. How long have you been reading this book?
2. How many pages have you read?
3. I've only been reading it for three days, but I have to admit that it's awesome.
4. I've already read it.
5. I've worked for six different companies so far.
6. I've been working for this one for three years.
7. We've been cleaning our new flat since (the) early morning.
8. We've cleaned two rooms so far.
9. And you? What have you been doing today?
10. I've been working in the garden.
11. It shows because your trousers are all dirty.
12. I know. I haven't finished yet.
13. So, what have you done so far?
14. He's taught English in three different countries.
15. He's been teaching English for ten years.
16. It's been raining for an hour now.
17. How many times has it rained this month?

Hier eine Übersicht, in welchen Situationen bzw. Kontexten wir das **Present Perfect** verwenden:
a) wenn wir uns auf Aktivitäten beziehen, die zwar abgeschlossen sind, jedoch in einem Zeitrahmen, der noch andauert, also z. B. mit **today, this week, this month, this year**;
b) wenn wir über Lebenserfahrungen sprechen, über die wir bisher verfügen;
c) mit den Wörtern **recently** und **lately** – *vor Kurzem, kürzlich*;
d) in Sätzen mit **ever** – *jemals* und **never** – *nie*;
e) mit **already** – *schon, bereits* (in Aussage- und Fragesätzen) und **yet** – *noch* (in Negationen und Fragesätzen);
f) mit dem Wort **just** – *gerade, genau*;
g) mit den Wörtern **for** und **since** – *seit*.
Vergleichen Sie die Sätze 1, 2, 3 und 4. Das **Present Perfect** beschreibt die abgeschlossene Aktion und ggf. deren Ergebnis (z. B. die Anzahl der gelesenen Seiten), während das **Present Perfect Continuous** sich eher auf die Dauer oder den Ablauf einer noch nicht abgeschlossenen Aktion bezieht (z. B. *Wie lange lesen Sie schon ...?, Ich lese es seit ...*).
Das Adverb **now** wird im Zusammenhang mit den **Perfect**-Zeiten oft mit *schon* übersetzt (Satz 16).

Beispiel für einen Satz, der eine nicht abgeschlossene Handlung beschreibt: **What have you been doing?** – *Was hast du (denn so) gemacht?* Wenn man über die beendete Aktion spricht, lautet der Satz: **What have you done?** – *Was hast du getan?*

Denken Sie daran, dass, wenn Spuren einer Aktivität zu erkennen sind, das **Present Perfect Continuous** verwendet wird.

Bei einigen Verben, z. B. **to live, to work, to teach**, ist es auch bei Angabe der Dauer korrekt, das **Present Perfect** zu verwenden, z. B. **He's taught English for ten years.**

41

2. **Übersetzen Sie** die Sätze ...

... und **schreiben Sie** Ihre Übersetzung auf die Linien.

Inhalt

UNIT 1 **Review of tenses**

1. Wie alt bist du? Du bist neunzehn (Jahre alt). Habe ich Recht? ....

2. Ich war siebzehn (Jahre alt), als ich meine Fahrprüfung bestanden habe. ....

3. Fährst du oft ins Ausland? Wann fährst du ins Ausland? ....

4. Gehst du schon nach Hause? Willst du nicht bleiben? ....

5. Ich gehe ins Reisebüro. ....

6. Ich bereite gerade eine Rede vor. Bitte stör mich nicht. ....

7. Wirst du ihr eine Karte kaufen? Wie viel kosten sie? ....

8. Wirst du meine Hilfe brauchen? ....

9. Was machst du heute Abend? ....

10. Ich denke, wir werden bis zum Abend hier sein. ....

11. Ich will sie sehen. Kommt sie heute Abend? ....

12. Hast du sie gestern gesehen? ....

13. Sie arbeitet bei einer Bank. Sie spricht gerade mit einem Kunden. ....

14. Woran arbeiten sie gerade? ....

15. Warum bist du noch hier? Solltest du nicht jetzt in einer Besprechung sein? ....

16. Wie oft regnet es hier? Regnet es gerade? ....

17. Die Temperatur in unserem Land sinkt von Jahr zu Jahr. ....

1. How old are you? You're nineteen (years old). Am I right?
2. I was seventeen (years old) when I passed my driving test.
3. Do you often go abroad? When are you going abroad?
4. Are you going home already? Don't you want to stay?
5. I'm going to the travel agency.
6. I'm preparing a speech at the moment. Please, don't disturb me.
7. Are you going to buy her a ticket? How much are they?
8. Are you going to need my help?
9. What are you doing tonight?
10. I think (that) we'll be here until evening.
11. I want to see her. Is she coming tonight?
12. Did you see her yesterday?
13. She works in a bank. She's talking to a client just now.
14. What are they working on at the moment?
15. Why are you still here? Shouldn't you be in a meeting now?
16. How often does it rain here? Is it raining at the moment?
17. The temperature in our country is falling year by year.

In diesem Kapitel vergleichen wir die Verwendung der im ersten und zweiten Teil der Reihe beschriebenen Zeitformen.

Wir verwenden das **Present Simple**, wenn es um Gewohnheiten, routinemäßige Tätigkeiten, also ständige bzw. sich wiederholende Aktivitäten geht. Häufig werden dabei die folgenden Ausdrücke gebraucht: **always, often, sometimes, rarely, never**. Mit dem Hilfsverb **do/does** können wir in dieser Zeitform Fragen und Negationen bilden.

Das **Present Continuous** wird für Aktivitäten gebraucht, die jetzt oder in naher Zukunft eintreten (z. B. *heute, heute Abend, morgen, diese Woche*). Das für diese Zeitform verwendete Hilfsverb ist **to be** (**am, is, are**).

Die Konstruktion **to be going to** wird verwendet, wenn wir über eine Absicht für die Zukunft sprechen. Hilfsverb ist auch hier **to be**.

Wir verwenden das **Future Simple**, wenn wir uns auf Tätigkeiten beziehen, die in der Zukunft stattfinden werden und über die wir jetzt entscheiden. Fragen und Negationen werden in diesem Tempus mit dem Hilfsverb **will** gebildet.

Wir verwenden das Verb **to want** nicht im **Present Continuous**, da es sich dabei nicht um ein Verb der Bewegung oder dergleichen handelt, sondern um eine Art (mentalen) Zustand. Auch die folgenden Verben werden in der Regel nicht mit der **-ing**-Form gebraucht: **to like, to know, to have, to love, to hear, to seem**. Mehr dazu in Kapitel 27.

Zum Vergleich: **works** (**Present Simple**) – Gewohnheit, allgemeine Information, **are working** (**Present Continuous**) – Tätigkeit, die zum selben Zeitpunkt stattfindet.

Um eine allmähliche Veränderung zu beschreiben, wird manchmal das **Present Continuous** gebraucht, z. B.: **More and more companies are losing clients.** – *Immer mehr Unternehmen verlieren Kunden.*

18. Wo hast du letztes Jahr gearbeitet? ....

19. Hast du gestern um 17 Uhr ferngesehen? Hast du mich gesehen? ....

20. Gestern hat es den ganzen Tag geregnet. ....

21. Kommt Jim mit uns mit? ....

22. Hat dich gestern jemand angerufen? ....

23. Kate und ich fliegen morgen nach Rom. Wir leben zurzeit in Rom. ....

24. Wir waren letzten Monat in Rom. ....

25. Wo warst du gestern Abend? ....

26. Wir hatten ein wichtiges Treffen. Es dauerte drei Stunden. ....

27. Dauern deine Besprechungen immer so lang? ....

28. Wirst du Zeit haben, uns zu besuchen? ....

29. - Ich werde jetzt packen.
- Warum sagst du mir das? ....

30. Ich rufe dich später an. Wirst du zu Hause sein? ....

31. Ich wollte dich zurückrufen, aber ich habe es völlig vergessen. ....

32. Ich versuche, den Drucker zu reparieren. ....

33. Die Situation wird besser. Immer mehr Menschen hören mit dem Rauchen auf. ....

34. Ich gehe jetzt. Bis bald! ....

18. Where did you work last year?

19. Were you watching TV at five p.m. yesterday? Did you see me?

20. It rained all day yesterday.

21. Is Jim going to join us?

22. Did anyone call you yesterday?

23. Kate and I are flying to Rome tomorrow. We are living in Rome temporarily.

24. We went to Rome last month.

25. Where were you last night?

26. We had an important meeting. It lasted three hours.

27. Do your meetings always last so long?

28. Will you have time to visit us?

29. - I'm going to pack now.
- Why are you telling me that?

30. I'll call you later. Will you be at home?

31. I was going to call you back, but I completely forgot.

32. I'm trying to fix the printer.

33. The situation is getting better. More and more people are quitting smoking.

34. I'm leaving. See you!

1. Das **Past Simple** bezieht sich auf Handlungen, die in der Vergangenheit liegen und abgeschlossen sind. Fragen und Negationen werden mit **did** gebildet (Satz 18).
2. Das **Past Continuous** ist eine Vergangenheitsform, die generell Aktivitäten beschreibt, die zum jeweiligen Zeitpunkt ausgeführt wurden. Das Hilfsverb für dieses Tempus ist **to be** in der Vergangenheitsform, d.h. **was/were** (Satz 19).

Das Verb **to join** ist nicht mit einer Präposition kombinierbar. Wir sagen nicht: ~~to join to/with~~.

Das **Present Continuous** wird häufig im Zusammenhang mit vorübergehenden Handlungen gebraucht, z. B.: **We are staying at my sister's place until they finish painting our house.** – *Wir wohnen bei meiner Schwester, bis unser Haus fertig gestrichen ist.*

Wenn man sagen möchte, dass man bei einer bestimmten Person oder an einem bestimmten Ort ist oder war, kann man dies im Englischen mit dem Verb **to go** ausdrücken.

Das Verb **to be** hat im **Past Simple** die Formen **was/were**. In Fragen und verneinten Sätzen verwenden wir nicht das Hilfsverb **did**, sondern die Inversion. Wir sagen also nicht: ~~Did you be...?, I didn't be...~~, sondern: **Were you...?** – *Warst du ...?* **I wasn't...** – *Ich war nicht ...*

New words

....

....

....

....

....

....

....

1. Was hast du gerade gemacht, als ich dich heute Morgen angerufen habe? Hast du geschlafen? ....
2. Ich habe geduscht, und ich habe das Telefon nicht gehört. ....
3. Er hat viele Leute kennengelernt, als er in Kalifornien lebte. ....
4. Ich wollte gerade gehen, als er kam. ....
5. Es begann gerade (allmählich) zu regnen, als wir gingen. ....
6. Nun, eigentlich fing es (genau in dem Moment plötzlich) an zu regnen, als wir gingen. ....
7. Sie waren gerade beim Abendessen, als jemand an die Tür klopfte. ....
8. Ich war vor zwei Tagen beim Arzt, weil es mir nicht gut ging. ....
9. Die Diebe sind ins Haus eingebrochen, während wir schliefen. ....
10. 1999 arbeitete er noch in Warschau. Dann wechselte er seinen Job. ....
11. Gestern sind wir ins Kino gegangen. Dann haben wir in einem Restaurant zu Abend gegessen. ....
12. Was haben sie um 22 Uhr gemacht? Es war sehr laut. ....
13. Während wir auf ihn warteten, rief er uns an und sagte, er könne uns nicht besuchen kommen. ....
14. Wo warst du, als du von dem Unfall gehört hast? ....
15. Sie war im Zimmer, aber sie hat nichts gehört, weil sie nicht zuhörte. ....
16. Als ich ins Büro kam, sprach die Empfangsdame gerade mit einem der Kunden und die Manager diskutierten über das Projekt. ....
17. Ich habe mir beim Skifahren das Bein gebrochen. ....

1. What were you doing when I called you this morning? Were you sleeping?
2. I was having a shower, and I didn't hear the phone.
3. He met a lot of people while he was living in California.
4. I was just leaving when he arrived.
5. It was starting to rain when we left.
6. Well, actually it started to rain when we left.
7. They were having dinner when somebody knocked at the door.
8. I went to the doctor two days ago because I wasn't feeling well.
9. The thieves broke into the house while we were sleeping.
10. In 1999, he was still working in Warsaw. Then he changed his job.
11. Yesterday, we went to the cinema. Then we had dinner at a restaurant.
12. What were they doing at ten p.m.? It was very noisy.
13. While we were waiting for him, he called to tell us that he couldn't come to see us.
14. Where were you when you heard about the accident?
15. She was in the room, but she didn't hear anything because she wasn't listening.
16. When I got into the office, the receptionist was talking to one of the clients, and the managers were discussing the project.
17. I broke my leg while I was skiing.

Wir verwenden das **Past Continuous** (**was/were doing**), wenn wir über eine länger andauernde Handlung sprechen. Das **Past Simple** (**did**) benutzen wir, wenn wir über eine kürzer andauernde Aktion sprechen, die die längere unterbricht, z. B. **I was driving home when my car broke.** – *Ich fuhr gerade nach Hause, als mein Auto kaputtging.*

Das **Past Continuous** beschreibt den Hintergrund einer Situation (**was leaving**), während sich das **Past Simple** auf eine kurze, plötzlich eintretende Handlung bezieht (**arrived**).

Das **Past Continuous** beschreibt meist eine unvollendete Handlung, die zu einem bestimmten Zeitpunkt in der Vergangenheit andauerte, während das **Past Simple** eine Aktivität beschreibt, die in einem bestimmten Moment begonnen hat oder ausgeführt wurde:

It was starting...	*Es begann gerade ...*
It started...	*Es fing an ...*
They were having dinner.	*Sie waren gerade beim Abendessen.*
They had dinner.	*Sie aßen zu Abend.*

Um abgeschlossene, aufeinanderfolgende Aktivitäten zu beschreiben, verwenden wir das **Past Simple.**

Bei Fragen im **Past Continuous** verwenden wir die Inversion mit folgender Konstruktion: Hilfsverb (**was/were**) + Subjekt + Verb mit der Endung **-ing**.

While bedeutet *während, solange* oder *wohingegen.*

Hier handelt es sich um ein weiteres Beispiel für die Verwendung des **Past Continuous** (**was talking, were discussing**), um eine Hintergrundhandlung zu beschreiben.

18. Wer war da, als du auf die Party kamst? ....

19. Ich habe einen Teller fallen lassen, als ich das Geschirr spülte. ....

20. Sie hat mich gestern angerufen. Sie sagte, sie rufe von einer Telefonzelle aus an. ....

21. Sie flogen über Rom, als sie ein sehr seltsames Geräusch hörten. ....

22. Sie wussten nicht, was los war. ....

23. Die Passagiere schrien, und die Flugbegleiter versuchten, sie zu beruhigen. ....

24. Dann sagte der Flugkapitän, dass alles in Ordnung sei. ....

25. Sie arbeitete im Garten und ihre Kinder spielten, als es plötzlich anfing zu regnen. ....

26. Während meine Eltern fernsahen, machte ich meine Hausaufgaben. ....

27. Als ich ein Kind war, hatte ich keinen Computer. ....

28. Ich war gerade dabei, den Laden zu verlassen, als der Wachmann mich aufhielt. ....

29. Er fragte mich, was ich in der Hand hätte. ....

30. Wann war das letzte Mal, dass du ihn gesehen hast? / Wann hast du ihn zuletzt gesehen? ....

31. Das letzte Mal, dass ich ihn gesehen habe, war vor zwei Tagen. / Ich habe ihn vor zwei Tagen das letzte Mal gesehen. ....

32. Als ich aus dem Auto stieg, habe ich meine Tasche fallen lassen. ....

33. Sie haben mich ausgeraubt, als ich in einer Schlange stand. ....

34. Tom kam mich abholen, als ich noch packte. ....

18. When you arrived at the party, who was there?

19. I dropped a plate while I was washing the dishes.

20. She called me yesterday. She said that she was calling from a telephone booth.

21. They were flying over Rome when they heard a very strange noise.

22. They didn't know what was happening.

23. The passengers were shouting, and the flight attendants were trying to calm them down.

24. Then, the captain said that everything was alright.

25. She was working in the garden, and her children were playing when it suddenly started to rain.

26. While my parents were watching TV, I was doing my homework.

27. When I was a child, I didn't have a computer.

28. I was leaving the shop when the security guard stopped me.

29. He asked me what I was carrying in my hand.

30. When was the last time (that) you saw him? / When did you last see him?

31. The last time (that) I saw him was two days ago. / I last saw him two days ago.

32. When I was getting out of the car, I dropped my bag.

33. They robbed me when I was standing in a queue.

34. Tom came to pick me up while I was still packing.

Das Verb **to arrive** kann mit zwei Präpositionen kombiniert werden:
- **to arrive in** + Land/Stadt, z. B. **We arrived in London at 10 p.m.**
- **to arrive at** + anderer Ort, z. B. **We arrived at the office at 10 a.m.**

Ein Beispiel für die Verwendung des gleichen Verbs in unterschiedlichen Zeitformen: **she called** – *sie rief an* und **she was calling** – *sie rief gerade an* – hier in der indirekten Rede: *sie rufe (gerade) an.*

Fragen und Verneinungen werden in der Vergangenheitsform sehr häufig mit dem Hilfsverb **did** bzw. **didn't** gebildet (dies gilt nicht für Sätze mit dem Verb **to be** oder mit anderen Hilfsverben wie z. B. **can**). Man beachte, dass das nach **did** bzw. **didn't** stehende Verb in seiner Grundform steht. Wir können also nicht sagen: ~~They didn't knew.~~

Wir verwenden das **Past Continuous**, um länger andauernde Aktivitäten zu beschreiben, die parallel stattfinden.

Verben wie **to have, to want, to like** stehen meist nicht in der **Continuous**-Form mit der Endung **-ing**.

New words

....

....

....

....

....

....

....

UNIT 3 **Comparison – *as... as...***

1. Dein Haus ist größer als meins. ....
2. Mein Haus ist nicht so groß wie deins. ....
3. Lauras Haus ist das größte von allen. Es ist so groß wie sein Haus. ....
4. Dein Auto ist teurer als seins. ....
5. Sein Auto ist nicht so teuer wie deins. ....
6. Dein Deutsch war damals nicht so gut wie heute. ....
7. Bedeutet das, dass ich jetzt besser Deutsch spreche? ....
8. In Deutschland ist es nicht so heiß wie in Spanien. ....
9. Ich habe nicht so viel Geld, wie du denkst. ....
10. Mein Mann hat nicht so viel Freizeit wie ich. ....
11. Männer haben nicht so viele Probleme wie Frauen. ....
12. In Dublin herrscht nicht so viel Verkehr wie in London. ....
13. Ich habe Mary vor ein paar Tagen gesehen, aber wir hatten sehr wenig Zeit zum Reden. Sie war (so) beschäftigt wie immer. ....
14. Wir haben etwas Zeit, deshalb möchte ich Ihnen ein paar Fragen stellen. ....
15. Ich verspreche, dass es nicht mehr so viele wie beim letzten Mal sein werden. ....
16. Nur sehr wenige Leute haben diese Frage richtig beantwortet. Die Fragen waren so schwierig, wie wir dachten. ....
17. Er trinkt so viel Kaffee wie ich. ....

1. Your house is bigger than mine.
2. My house isn't as big as yours.
3. Laura's house is the biggest of all. It's as big as his house.
4. Your car is more expensive than his.
5. His car isn't as expensive as yours.
6. Your German wasn't as good then as it is now.
7. Does that mean that I speak better German / I speak German better now?
8. Germany isn't as hot as Spain.
9. I don't have as much money as you think.
10. My husband doesn't have as much free time as I do / as me.
11. Men don't have as many problems as women (do).
12. There isn't as much traffic in Dublin as (there is) in London.
13. I saw Mary a few days ago, but we had very little time to talk. She was as busy as usual.
14. We have a little time, so I would like to ask you a few questions.
15. There won't be as many as last time, I promise.
16. Very few people answered this question correctly. The questions were as difficult as we thought.
17. He drinks as much coffee as I do / as me.

Für Vergleiche verwenden wir den Komparativ, z. B. **big – bigger** (bei kurzen Adjektiven wird, im Falle regelmäßiger Formen, die Endung **-er** angehängt), **interesting – more interesting** (bei längeren Adjektiven stellen wir die Steigerungsform **more** voran). Um einen gleichen Grad auszudrücken, verwenden wir die Konstruktion **as ... as ...**, d. h. *genauso ... wie ...* (z. B. **as strong as you** – *genauso stark wie du*). In diesem Kapitel üben wir die Verwendung dieser Konstruktion.

Die höchste Steigerungsform des Adjektivs, der Superlativ, wird in der Regel gebildet durch Anhängen der Endung **-est** bei kurzen Adjektiven (z. B. **long – the longest**) oder Voranstellung von **most** im Falle längerer Adjektive (z. B. **beautiful – the most beautiful**).

Die Konstruktion **as ... as ...** kann mit Adjektiven stehen, z. B. **as big as ...** – *so groß wie ...* Sie kann jedoch auch mit Substantiven kombiniert werden:

- Im Falle zählbarer Substantive wird z. B. **many** vorangestellt: **as many ... as ...** (z. B. **as many cars as ...** – *so viele Autos wie ...*).
- Bei nicht zählbaren Substantiven wird **much** verwendet: **as much ... as ...** (z. B. **as much time as ...** – *so viel Zeit wie ...*).

Derartige Vergleiche können auf zweierlei Weise gebildet werden: entweder mit **as** + Pronomen (**as me, as him, as her**) oder mithilfe einer – etwas förmlicheren – Kombination aus **as**, Subjekt und entsprechendem Hilfsverb (**as I do, as he does, as she does** usw.).

Zur Erinnerung:
a few – *ein paar, einige (wenige)* (mit zählbaren Substantiven)
a little – *ein wenig* (mit nicht zählbaren Substantiven)
few – *einige* (mit zählbaren Substantiven)
little – *wenig* (mit nicht zählbaren Substantiven)

18. Heute sind nicht so viele Autos auf dem Parkplatz wie gestern. ....

19. Der heutige Test war nicht so schwierig wie der letzte Woche. ....

20. Es gab weniger Übungen und auch weniger Grammatik. ....

21. Ich putze mein Haus nicht so oft, wie ich sollte. ....

22. Versuche, so viele Leute wie möglich anzurufen. ....

23. Bitte melde dich so schnell wie möglich wieder bei mir. Es ist dringend. ....

24. Mein Englischlehrer ist (genau)so streng wie deiner. ....

25. Du solltest so viel lernen wie dein Bruder. ....

26. Als er jünger war, hat er sich nicht so viel beschwert wie jetzt. ....

27. Sein Chef verdient mehr als er. Aber nicht so viel wie der Präsident. ....

28. Ich brauche ein paar Dinge aus dem Laden, aber nicht so viele wie du. ....

29. Sie spielen nicht so gut wie letztes Mal. Sie spielen schlechter, als wir erwartet hatten. ....

30. Soweit ich mich erinnere, waren es zwanzig Personen. ....

31. Soweit ich weiß, ist das Treffen morgen. ....

32. Ich habe nicht so viele freie Tage, wie ich gerne hätte. ....

33. Er ist stur wie ein Esel. ....

34. Seine Geschichte ist so alt wie Methusalem. ....

18. There aren't as many cars in the car park today as (there were) yesterday.

19. Today's test wasn't as difficult as the one last week.

20. There were fewer exercises and also less grammar.

21. I don't clean my house as often as I should.

22. Try to call as many people as you can.

23. Please get back to me as soon as possible. It's urgent.

24. My English teacher is as strict as yours.

25. You should study as much as your brother (does).

26. When he was younger, he didn't complain as much as (he does) now.

27. His boss earns more than he does / than him. But not as much as the president.

28. I need a few things from the store, but not as many as you.

29. They're not playing as well as last time. They're playing worse than we expected.

30. As far as I remember, there were twenty people.

31. As far as I know, the meeting is tomorrow.

32. I don't have as many days off as I would like.

33. He is as stubborn as a mule.

34. His story is as old as the hills.

Die Konstruktion **as ... as ...** darf nicht mit **than** kombiniert werden, das in anderen Vergleichen verwendet wird. Es heißt also z. B. nicht ~~as many cars than ...~~

Mit Zeitbestimmungen wie **today, yesterday, tomorrow** können wir den s-Genitiv verwenden.

Für das deutsche Wort *weniger* gibt es im Englischen zwei Übersetzungen: **fewer** für zählbare Substantive, **less** für nicht zählbare.

Die Konstruktion **as ... as ...** kann auch mit Adverbien stehen, z. B.:
as fast as ... – *so schnell wie ...*, **as slowly as ...** – *so langsam wie ...*

Phrasal verb: to get back to sb – *auf jdn. zurückzukommen, sich wieder bei jdm. melden.*

Der Ausdruck **as much as** kann mit Verben verwendet werden, z. B.: **I work as much as he does / as him.** – *Ich arbeite (genau)so viel wie er.*

Die Konstruktion **as ... as ...** wird häufig in den folgenden Ausdrücken verwendet:
as soon as possible – *so bald wie möglich,*
as far as I remember – *soweit ich mich erinnere,*
as far as I know – *soweit ich weiß*
und in idiomatischen Ausdrücken wie in den Sätzen 33 und 34.

New words

....

....

....

....

....

....

....

1. Ich habe diese Woche ein paar gute Filme gesehen. ....

2. Ich war in letzter Zeit sehr beschäftigt. ....

3. Hast du Mary heute gesehen? - Ja. / Nein. ....

4. Wir waren dieses Jahr zweimal im Ausland. ....

5. Wie viele E-Mails hast du heute bekommen? ....

6. Waren sie diesen Monat hier? - Ja. / Nein. ....

7. Wir hatten in letzter Zeit viele Probleme. ....

8. Ich habe diesen Monat viele gute Filme gesehen. ....

9. - Hat sie dich heute angerufen? - Ja. / Nein. ....

10. Ich habe heute keine Anrufe erhalten. ....

11. In diesem Jahr haben sie hier viel Zeit verbracht. ....

12. Bisher sind zwanzig Gäste angekommen. ....

13. Wir haben diese Woche bisher zehn Beschwerden erhalten. ....

14. Wie viel haben wir dieses Jahr bisher verdient? ....

15. Wenn wir alles zusammenrechnen, haben wir bisher siebenhunderttausend verdient. ....

16. Bisher haben wir vier Kandidaten befragt. ....

17. Ich habe ein gutes Stellenangebot erhalten. ....

1. I have watched a couple of good films this week.
2. I've been very busy lately.
3. - Have you seen Mary today?
   - Yes, I have. / No, I haven't.
4. We've been abroad twice this year.
5. How many e-mails have you received today?
6. - Have they been here this month?
   - Yes, they have. / No, they haven't.
7. We've had a lot of problems recently.
8. I've watched a lot of good films this month.
9. - Has she called you today? - Yes, she has. / No, she hasn't.
10. I haven't received any calls today.
11. This year, they have spent a lot of time here.
12. Twenty guests have arrived so far.
13. We've received ten complaints so far this week.
14. How much have we earned so far this year?
15. If we count everything, so far we've earned seven hundred thousand.
16. So far, we've interviewed four candidates.
17. I've received a good job offer.

Das **Present Perfect** ist die vollendete Gegenwart. Die Fälle und Kontexte, in denen es verwendet wird, werden in diesem und den nächsten drei Kapiteln gezeigt. Gebildet wird diese Zeitform wie folgt:
Subjekt + **have/has** + Verb mit Endung **-ed** (z. B. **I have finished.** – *Ich bin fertig*) bzw. die dritte Form bei unregelmäßigen Verben (**Past Participle**).
Hier einige Beispiele für unregelmäßige Verben:
to be - been, to see - seen, to have - had, to lose - lost, to hear - heard, to put - put, to meet - met.
Eine Liste mit weiteren Beispielen finden Sie in Kapitel 10.
Häufig werden Kurzformen verwendet z. B.:
I have - I've, you have - you've, he has - he's, she has - she's, it has - it's, we have - we've, they have - they've, there has - there's.
Das Hilfsverb für die Bildung von Fragen und Negationen für das Present Perfect ist **have/has** (**has** für die 3. Pers.: **he, she, it**). Den anderen Teil des Verbs bildet stets das **Past Participle**.
Frage: **Have you watched it?**
Negation: **I haven't watched it.**
Auch Kurzantworten werden mit dem Hilfsverb **have/has** gebildet. Vgl. Sätze 3, 6, 9.
Das **Present Perfect** wird oft verwendet, wenn eine Aktion zwar beendet ist, die Zeitspanne jedoch, in der sie stattgefunden hat, noch andauert, z. B.: **I have seen him today.** – *Ich habe ihn heute gesehen* (die eigentliche Aktivität des Sehens ist beendet, aber die Zeit, also **today**, ist noch nicht vorbei). Aus diesem Grund verwenden wir das **Present Perfect** sehr häufig mit Zeitbestimmungen, die noch andauern bzw. die einen unmittelbaren Gegenwartsbezug haben, z. B. **today** – *heute*, **this week/month/year** – *diese Woche / diesen Monat / dieses Jahr*, **lately/recently** – *kürzlich, in letzter Zeit.*

Das **Present Perfect** wird auch im Zusammenhang mit dem Ausdruck **so far** – *bis jetzt* verwendet. Diese Formulierung kann allein oder mit einer weiteren Zeitangabe stehen, z. B. **so far this week** – *bisher in dieser Woche* (vgl. Satz 13).

18. Bisher habe ich in dieser Woche zwei Kilo(gramm) abgenommen. ....

19. Bisher habe ich für fünf verschiedene Unternehmen gearbeitet. ....

20. Ich war ein paar Mal in Spanien, aber ich war noch nicht in Italien. ....

21. Wie viel haben wir diesen Monat bisher ausgegeben? ....

22. Ich habe ihn in letzter Zeit nicht gesehen. Ist er ausgezogen? ....

23. Wir haben gehört, dass ihr ein Baby bekommt. Herzlichen Glückwunsch! ....

24. Ich habe meine Schlüssel verloren. Hast du sie gesehen? ....

25. Ich habe eine neue Frisur. Wie sehe ich aus? ....

26. Jemand hat meine Brieftasche gestohlen. Ich kann sie nirgends finden. ....

27. Ich habe mich entschlossen, die Firma zu verlassen. ....

28. Schauen Sie sich um. Was haben sie gemacht? ....

29. Wo warst du denn? Ich habe mir Sorgen gemacht. ....

30. Er hat heute nichts getan. ....

31. Wie oft habt ihr euch bisher getroffen? ....

32. Warst du dieses Jahr in London? ....

33. Ich glaube, ich habe mir den Knöchel verdreht. ....

34. Haben Sie in letzter Zeit Veränderungen beobachtet/ bemerkt? ....

18. So far this week, I've lost two kilo(gram)s.

19. So far, I've worked for five different companies.

20. I've been to Spain a few times, but I haven't been to Italy yet.

21. How much have we spent so far this month?

22. I haven't seen him recently. Has he moved out?

23. We've heard that you're going to have a baby. Congratulations!

24. I've lost my keys. Have you seen them?

25. I've changed my hairstyle. How do I look?

26. Someone has stolen my wallet. I can't find it anywhere.

27. I've decided to leave the company.

28. Look around. What have they done?

29. Where have you been? I've been worried.

30. He hasn't done anything today.

31. How many times have you met so far?

32. Have you been to London this year?

33. I think (that) I've twisted my ankle.

34. Have you observed/noticed any changes lately?

Das **Present Perfect** wird auch verwendet, wenn wir sagen möchten, dass etwas passiert ist, ohne jedoch eine bestimmte Zeitangabe zu machen. Zum Vergleich: **I have seen him.** – *Ich habe ihn gesehen* (wir könnten **today, this week, recently** oder dgl. hinzufügen) (vgl. Satz 17). Wenn wir jedoch einen bestimmten, abgeschlossenen Moment in der Vergangenheit meinen, in dem die Aktivität stattfand, verwenden wir das **Past Simple**, z. B. **I saw him last week.** – *Ich sah ihn letzte Woche.*

Das **Present Perfect** kann sich auch auf unsere bisherigen Lebenserfahrungen beziehen, auf das, was wir bisher getan haben – ohne anzugeben, wann genau wir diese Erfahrung gemacht haben (Satz 19).

Wir gebrauchen dieses Tempus auch, wenn etwas passiert ist (oder hätte passieren können), und wir sehen das Ergebnis erst später, z. B. **I have lost my wallet.** – *Ich habe meine Brieftasche verloren (und jetzt habe ich sie nicht mehr).* Weitere Beispiele:

- In Satz 22 geht es um eine Situation, in der wir jemanden seit einiger Zeit nicht mehr gesehen haben. Für uns liegt daher die Vermutung nahe, dass er weggezogen sein könnte.
- In Satz 23 haben wir Neuigkeiten erfahren, die nach wie vor aktuell bzw. relevant sind.
- In Satz 25 hat der Sprecher eine neue Frisur, wie der Gesprächspartner wohl sehen kann.

New words

....

....

....

....

....

....

....

1. Hast du schon mal Meeresfrüchte gegessen? ....

2. Ich habe sie vorher noch nie gegessen. ....

3. War er schon mal hier? ....

4. Er war noch nie hier. ....

5. – Warst du schon mal in New York?
   – Nein, aber ich würde gern einmal hinfliegen. ....

6. – Bist du schon mal Auto gefahren?
   – Ja. / Nein. ....

7. Das ist der beste Film, den ich je gesehen habe. Ich habe noch nie einen besseren Film gesehen. ....

8. Sie ist die hübscheste Frau, die ich je getroffen habe. ....

9. Das ist das Schrecklichste, was ich je gegessen habe. ....

10. Das ist der tollste Ort, an dem ich je war. ....

11. Hast du schon mal versucht, einen Computer zu reparieren? ....

12. Hat dein Chef dich schon mal um Hilfe gebeten? ....

13. Waren deine Eltern schon mal in London? ....

14. Ich habe so etwas noch nie gemacht. ....

15. Hattest du schon mal 40 Grad Fieber? ....

16. Hattest du schon mal Probleme mit der Verbindung hier? ....

17. Wir hatten noch nie Probleme. ....

1. Have you ever eaten seafood?

2. I have never eaten it before.

3. Has he ever been here?

4. He has never been here.

5. - Have you ever been to New York?
   - I haven't, but I would love to go.

6. - Have you ever driven a car?
   - Yes, I have. / No, I haven't.

7. This is the best film (that) I have ever seen. I've never seen a better film.

8. She is the most beautiful woman (that) I've ever met.

9. That's the worst thing (that) I've ever eaten.

10. That's the most amazing place (that) I've ever been to.

11. Have you ever tried to fix a computer?

12. Has your boss ever asked you for help?

13. Have your parents ever been to London?

14. I've never done anything like that.

15. Have you ever had a forty-degree fever?

16. Have you ever had any problems with the connection here?

17. We've never had any problems.

Wir verwenden das **Present Perfect** mit den Begriffen **ever** – *jemals* und **never** – *niemals*. In der Regel verwenden wir **ever** in Fragen; dabei steht es generell nach dem Subjekt. **Never** wird in Negationen verwendet und steht in der Regel nach dem Hilfsverb **have/has**.
Beispiele: **Have you ever eaten shrimps?**
– Hast du jemals / schon mal Garnelen gegessen?
I've never eaten shrimps.
– Ich habe noch nie Garnelen gegessen.

Beachten Sie in den kleinen Dialogen der Sätze 5 und 6, wie wir mit dem Hilfsverb **have/has** kurze Antworten bilden können.

Die Sätze 7–9 zeigen die Verwendung von **ever** in positiven Sätzen. Die Verwendung von **that** (hier Relativpronomen) zwischen Haupt- und Nebensatz ist dabei fakultativ.

Denken Sie daran, dass Präpositionen normalerweise am Ende eines Satzes stehen, in der Regel nach dem Verb, auf das sie sich beziehen (in diesem Satz **been to**).

In mehrteiligen Adjektiven, die eine Zahl enthalten, z. B. **40-degree** – *40-Grad-*, **4-year-old** – *4-jährig*, **5-day** – *5-Tages-*, **30-page-** – *30-seitig* usw., steht das zur Zahl gehörende Substantiv (hier: **degree, year, day, page**) generell im Singular. Zwischen Zahl und Substantiv wird in der Regel ein Bindestrich gesetzt.

18. Das ist der beste Witz, den ich je gehört habe. ....

19. Er war noch nie verliebt. ....

20. Hast du schon mal ein Flugzeug verpasst? ....

21. Ich habe diese Art von Essen noch nie gemocht. ....

22. Er hat (noch) nie etwas verloren. ....

23. Ich habe noch nie in meinem Leben etwas gekocht. ....

24. Sie war noch nie im Ausland. Sie wollte schon immer nach Frankreich. ....

25. Hast du schon einmal daran gedacht, deinen Job zu wechseln? ....

26. Hast du schon mal einen Irish Coffee getrunken? ....

27. Ich habe noch nie davon gehört. Was ist das? ....

28. Sie haben uns nie pünktlich bezahlt. ....

29. Er ist ein sehr guter Schüler. Er ist noch nie bei einem Test durchgefallen. ....

30. Das ist das Dümmste, was ich je gehört habe. ....

31. Hast du dich jemals gefragt, warum sie so weit weg wohnen? ....

32. Das ist mir noch nie passiert. Ist dir das schon mal passiert? ....

33. Ich habe noch nie darüber nachgedacht. ....

34. Wir waren noch nie so glücklich. Wir wollten schon immer so leben. ....

18. This is the best joke (that) I've ever heard.

19. He's never been in love.

20. Have you ever missed a plane?

21. I've never liked this type of food.

22. He's never lost anything.

23. I've never cooked anything in my life.

24. She's never been abroad. She's always wanted to go to France.

25. Have you ever thought of changing your job?

26. Have you ever drunk an Irish coffee?

27. I've never heard of it. What is it?

28. They've never paid us on time.

29. He's a very good student. He's never failed a single test.

30. That's the most stupid thing (that) I've ever heard.

31. Have you ever wondered why they live so far away?

32. This has never happened to me. Has it ever happened to you?

33. I've never thought about it before.

34. We've never been happier. We've always wanted to live like that.

Weitere Übungen zu den unregelmäßigen Verben, z. B. **hear – heard – heard**, finden Sie in Kapitel 10.

Der Ausdruck **to miss a plane/bus/train** bedeutet *ein Flugzeug / einen Bus / einen Zug verpassen*.

Die Kurzform **he's** kann entweder **he is** oder **he has** bedeuten. Bei einem Satz, der im **Present Perfect** steht, liegt die Bedeutung **he has** grundsätzlich nahe.

Denken Sie daran, dass ein Verb, das auf die Präposition **of** folgt, in der **-ing**-Form steht: (hier: **of changing**). Dies gilt auch für andere Präpositionen, z. B. **after, by, on.**

Achten Sie auf die Aussprache der unregelmäßigen Verbformen. So lautet etwa die Form von **drink** im **Past Simple** **drank** [dræŋk]; das **Past Participle** hingegen ist **drunk** [drʌŋk].
Die gleiche Regel gilt für ähnlich konstruierte unregelmäßige Verben, z. B.:
begin – began – begun,
sing – sang – sung,
swim – swam – swum,
run – ran – run.

New words

....

....

....

....

....

....

....

UNIT 6 **Present Perfect – *already, yet, just***

1. – Hast du schon zu Mittag gegessen?
   – Ja, ich habe schon gegessen. ....
2. Ich habe noch nicht zu Mittag gegessen. ....
3. Ich habe mich noch nicht entschieden. ....
4. Warum hast du dich noch nicht entschieden? ....
5. Ist er schon angekommen? ....
6. Er ist schon hier. Er ist bereits angekommen. ....
7. Du musst es nicht tun, weil ich es schon getan habe. ....
8. Ich war in letzter Zeit sehr beschäftigt, daher habe ich es noch nicht gemacht. ....
9. Wir sind noch nicht fertig. ....
10. Wir sind gerade fertig. ....
11. – Möchtest du eine Tasse Kaffee?
    – Nein, danke. Ich hatte schon eine. ....
12. Es hat gerade angefangen zu regnen. Was für ein Pech! ....
13. Hast du noch nicht alles vorbereitet? ....
14. Der Zug ist schon abgefahren. Was machen wir jetzt? ....
15. Jim hat dich gerade angerufen. Kannst du ihn zurückrufen? ....
16. Hast du die Rechnung schon bezahlt? ....
17. Die Sonne ist noch nicht untergegangen. Sie geht um 18.30 Uhr unter. ....

1. - Have you had lunch yet?
   - Yes, I've already eaten.
2. I haven't had lunch yet.
3. I haven't decided yet.
4. Why haven't you decided yet?
5. Has he arrived yet?
6. He is already here. He's already arrived.
7. You don't have to do it because I've already done it.
8. I've been very busy lately, so I haven't done it yet.
9. We haven't finished yet.
10. We've just finished.
11. - Do you want a cup of coffee?
    - No, thanks. I've already had one.
12. It's just started to rain. What bad luck!
13. Haven't you got everything ready / prepared everything yet?
14. The train has already left. What are we going to do now?
15. Jim has just called you. Can you call him back?
16. Have you paid the bill yet?
17. The sun hasn't set yet. It sets at 6:30.

In diesem Kapitel geht es um die Verwendung des **Present Perfect** mit den Wörtern **already, yet** und **just**.
Already (*schon*) wird sehr oft mit dem **Present Perfect** verwendet, wenn wir über etwas sprechen, das wir bereits getan haben bzw. das bereits geschehen ist. Es steht normalerweise in der Satzmitte und wir verwenden es:
• in Aussagesätzen, z. B. **I've already done it.** – *Ich habe es schon getan.*
• in Fragen, z. B. **Have you already done it?** – *Hast du es schon getan?*
Yet (*noch*) verwenden wir:
• in Negationen, wenn wir sagen, dass wir etwas noch nicht getan haben, z. B. **I haven't done it yet.** – *Ich habe es noch nicht getan.*
• in Fragen, z. B. **Have you done it yet?** – *Hast du es schon getan?*
Yet steht grundsätzlich am Satzende.
In Fragen können wir beide Formen verwenden: **already** und **yet**, allerdings wird **yet** häufiger gebraucht. **Already** tritt oft in Fragen auf, in denen wir eine positive Antwort erwarten oder in denen wir eine Überraschung ausdrücken wollen: **Have you already done it? That was quick.** – *Hast du es schon getan? Das ging schnell* (wörtlich: *Das war schnell*).

Just bedeutet *eben, gerade*, und es wird gebraucht, wenn wir über etwas sprechen, das soeben passiert ist. In diesen Fällen verwenden wir in der Regel das **Present Perfect**. **Just** setzen wir zwischen das Hilfsverb **have/has** und das Partizip: **I've just seen her.** – *Ich habe sie gerade gesehen.*

It's ist in diesem Fall die Kurzform von **it has**. Achten Sie darauf, dass Sie sie nicht mit **it is** verwechseln.

18. Es hat schon angefangen zu regnen. ....

19. Es hat noch nicht aufgehört zu regnen. Es regnet immer noch. ....

20. Ich habe noch keinen Parkplatz gefunden. Ich suche noch. ....

21. – Hast du den neuen Sherlock-Holmes-Film schon gesehen? – Nein. Du? ....

22. Hast du deine Hausaufgaben schon gemacht? ....

23. Haben sie schon geheiratet? ....

24. Ich habe es gerade erfahren. ....

25. Wir sind gerade angekommen. ....

26. Hast du John heute gesehen? ....

27. Ich habe ihn gerade gesehen. ....

28. Ich fürchte, er ist gerade gegangen. ....

29. Hat er dich nicht gerade angerufen? ....

30. Sie haben gerade den Laden geschlossen. Wie schade! ....

31. Mark hat gerade angerufen. Sie brauchen uns nicht mehr. ....

32. Ich habe dir gerade die Fotos geschickt. Schau mal in deine E-Mails. ....

33. Hast du sie schon bekommen? ....

34. Ich habe sie noch nicht. ....

18. It has already started to rain.

19. It hasn't stopped raining yet. It's still raining.

20. I haven't found a place to park yet. I'm still looking.

In diesem Satz könnten wir noch **still** ergänzen: **I still haven't found ...**

21. - Have you seen the new Sherlock Holmes movie yet?
- No, I haven't. Have you?

Hier fungiert der Name **Sherlock Holmes** als Adjektiv. Beachten Sie, dass wir das Hilfsverb verwenden, um Kurzantworten zu geben und auch, um Kurzfragen zu bilden: **Have you?** – *Und du?, Was ist mit dir?*
Has he? – *Und er?, Was ist mit ihm?*

22. Have you done your homework yet?

23. Have they got married yet?

24. I've just found out.

Phrasal verb: to find out – *herausfinden, erfahren.*

25. We've just arrived.

26. Have you seen John today?

27. I've just seen him.

28. I'm afraid (that) he's just left.

29. Hasn't he just called you?

30. They've just closed the shop. What a pity!

31. Mark has just called. They don't need us anymore.

32. I've just sent you the photos. Check your e-mail.

33. Have you received them yet?

34. I haven't got them yet.

New words

....

....

....

....

....

....

....

1. Wie lange bist du schon hier? ....
2. Ich bin seit einer Woche hier. ....
3. Er ist seit Dienstag hier. ....
4. Ich habe schon lange nicht mehr zu Hause angerufen. Ich glaube, seit Ostern. ....
5. Ich bin seit zwanzig Jahren Lehrer. ....
6. Ich habe dich ewig nicht gesehen. ....
7. Ich hatte drei verschiedene Handys, seit es Mobiltelefone gibt. ....
8. Sie hat mich nicht mehr angerufen, seit sie nach London gegangen ist. ....
9. Ich war schon lange nicht mehr im Theater. ....
10. Kennst du ihn? Wie lange kennst du ihn schon? ....
11. Ich kenne ihn. Ich kenne ihn seit meiner Kindheit. ....
12. Wie lange hast du dieses Auto schon? ....
13. Ich habe es seit 2005. ....
14. Bist du schon lange hier? Seit wann? ....
15. Wir sind seit heute Morgen um sechs Uhr auf. ....
16. Wie lange ist John schon in Spanien? ....
17. John ist jetzt seit drei Tagen in Spanien. ....

1. How long have you been here?
2. I have been here for a week.
3. He has been here since Tuesday.
4. I haven't phoned home for a long time. Since Easter, I guess.
5. I've been a teacher for twenty years.
6. I haven't seen you for ages.
7. I have had three different phones since mobile phones appeared.
8. She hasn't called me since she went to London.
9. I haven't been to the theatre for ages.
10. Do you know him? How long have you known him?
11. I know him. I've known him since I was a child.
12. How long have you had this car?
13. I've had it since 2005.
14. Have you been here long? Since when?
15. We've been up since six a.m.
16. How long has John been in Spain?
17. John has been in Spain for three days now.

Wir verwenden das **Present Perfect** auch mit den Begriffen **since** und **for** (beide bedeuten *seit*), wenn wir Aktivitäten beschreiben, die in der Vergangenheit begonnen haben und noch immer andauern.
Wir verwenden **since**, wenn wir den Zeitpunkt in der Vergangenheit nennen, wann etwas begonnen hat, z. B. **since Monday, since 2010, since last week, since I was born, since I got this job** – *seit Montag, seit 2010, seit letzter Woche, seit ich geboren bin/wurde, seit ich diesen Job bekommen habe.*
Beispiel: **I have been here since 8:30.** – *Ich bin seit 8.30 Uhr hier.* 8.30 Uhr ist ein Zeitpunkt in der Vergangenheit, und seit diesem ist die Aktivität im Gange.
Wir gebrauchen **for**, wenn wir die Dauer einer Aktivität angeben, z. B. **for three days, for five months, for years, for fifteen minutes, for ages** – *seit drei Tagen, seit fünf Monaten, seit Jahren, seit fünfzehn Minuten, seit Langem.*
Beispiel: **I have been here for three hours.** – *Ich bin seit drei Stunden hier.*
Beachten Sie, dass wir in dieser Art von Sätzen im Deutschen das Präsens verwenden. Im Englischen hingegen benutzen wir das **Present Perfect**.

Im Zusammenhang mit **since** kann statt eines Zeitpunkts in der Vergangenheit auch ein (vergangenes) Ereignis genannt werden. Derartige Sätze stehen in der Regel allerdings im **Past Simple**, wenn es um ein Ereignis geht, das in der Vergangenheit endete: **since she went**.

In Fragen, die mit **How long?** (*Wie lange?*) beginnen und sich auf noch andauernde Tätigkeiten beziehen, verwenden wir generell das **Present Perfect**.

18. Ich habe Kopfschmerzen. Ich habe seit heute Morgen Kopfschmerzen. ....

19. Er hat seit sechs Monaten keinen freien Tag mehr gehabt. ....

20. Ich bin vor fünf Jahren nach Spanien gezogen. Seitdem bin ich nicht mehr in meine Heimatstadt gefahren. ....

21. Ich habe seit dem Frühstück nichts mehr gegessen. ....

22. Sie sind verheiratet. Sie sind seit fünfzehn Jahren verheiratet. ....

23. Ich habe einen Führerschein. Ich habe meinen Führerschein, seit ich siebzehn (Jahre alt) bin. ....

24. Ich liebe sie. Ich liebe sie, seit ich sie das erste Mal getroffen habe. ....

25. Wir mögen diesen Film, seit wir ihn zum ersten Mal gesehen haben. ....

26. Sie leben hier. Sie leben hier, seit sie die Schule beendet haben. ....

27. Ich war seit letztem Wochenende nicht mehr unterwegs. ....

28. Hast du ihn gesehen, seit er ausgezogen ist? ....

29. Ich habe an zwei verschiedenen Universitäten studiert, seit ich die High School verlassen habe. ....

30. Seit sie das erste Mal verheiratet war, hatte sie drei Ehemänner. ....

31. Wir waren in fünf Ländern, seit wir unsere Reise begonnen haben. ....

32. Du Glückspilz! Ich war in den letzten zwölf Monaten nirgendwo. ....

33. Wir haben in den letzten fünf Stunden fünfzig Websites überprüft. ....

34. Wir haben seit heute Morgen nichts anderes gemacht. ....

18. I have a headache. I've had a headache since this morning.

19. He hasn't had a day off for six months.

In negativen Sätzen hört man häufig die Verwendung der Präposition **in** statt **for**, z. B. **I haven't heard from him in two years.** – *Ich habe seit zwei Jahren nichts von ihm gehört.*

20. I moved to Spain five years ago. I haven't visited my hometown since then.

In Sätzen mit der Zeitangabe **ago** verwenden wir nicht das **Present Perfect**, sondern das **Past Simple**.

21. I haven't eaten anything since breakfast.

22. They are married. They've been married for fifteen years.

23. I have a driving license. I've had my driving license since I was seventeen (years old).

Die Sätze 23 und 24 zeigen den Unterschied in der Verwendung von **Present Simple** und **Present Perfect**. Letzteres ist generell erforderlich, wenn in einem Satz Informationen über die bisherige Dauer einer Aktivität hinzugefügt werden.

24. I love her. I've loved her since I first met her.

25. We've liked this film since we first saw it.

Wenn auf **since** ein Satz folgt, steht er dann im **Past Simple**, wenn es dabei um eine Handlung geht, die den Beginn einer anderen Handlung anzeigt, z. B.: **since I was a child** – *seit ich ein Kind war*, **since I saw her** – *seit ich sie gesehen habe.* Es gibt jedoch auch Kontexte, in denen wir in solchen Fällen das **Present Perfect** verwenden, z. B., wenn die Aktivität noch andauert: **I've loved her since I've known her.** – *Ich liebe sie, seit ich sie kenne* (ich kenne sie noch immer). In Satz 24 sprechen wir nur über den Moment des Treffens, daher benutzen wir das **Past Simple**.

26. They live here. They've lived here since they finished school.

27. I haven't been out since last weekend.

28. Have you seen him since he moved out?

29. I've studied at two different universities since I left high school.

30. She's had three husbands since she first got married.

31. We've been to five countries since we started our journey.

32. Lucky you! I haven't been anywhere for the last twelve months.

33. We've checked fifty websites for the last five hours.

34. We haven't done anything else since this morning.

New words

....

....

....

....

....

....

....

1. Ich warte seit ein Uhr auf dich. ....
2. Er sitzt seit über zwei Stunden hier. ....
3. Wartest du schon lange auf mich? ....
4. Ich muss ein neues Handy kaufen, weil ich dieses schon seit langer Zeit benutze. ....
5. Wie lange schläft er schon? ....
6. Wie lange lernst du schon Englisch? ....
7. Ich lerne schon seit Langem Französisch. ....
8. Steh auf! Du liegst hier schon den ganzen Tag herum. ....
9. Ich studiere seit 2012 Wirtschaftswissenschaften. ....
10. Was hast du in der letzten Stunde gemacht? ....
11. Lass uns eine Kaffeepause machen. Wir fahren jetzt/schon seit vier Stunden. ....
12. Ich arbeite hier seit zehn Jahren. ....
13. Wir gehen in letzter Zeit oft aus. ....
14. Wir haben in letzter Zeit viele interessante Sachen gemacht. ....
15. Sie hat den ganzen Tag gearbeitet. Deshalb ist sie müde. ....
16. Meine Beine tun weh. Ich stehe hier (schon) seit einer Stunde. ....
17. Jemand ist mit meinem Fahrrad gefahren. ....

1. I've been waiting for you since one o'clock.
2. He's been sitting here for over two hours.
3. Have you been waiting for me long?
4. I have to buy a new phone because I've been using this one for a long time now.
5. How long has he been sleeping?
6. How long have you been learning English (for)?
7. I've been learning French for a long time.
8. Get up! You've been lying here all day.
9. I've been studying economics since 2012.
10. What have you been doing for the last hour?
11. Let's stop for a coffee. We've been driving for four hours now.
12. I've been working here for ten years.
13. We've been going out a lot lately.
14. We've been doing a lot of interesting things lately.
15. She's been working all day. That's why she's tired.
16. My legs hurt. I've been standing here for an hour.
17. Someone has been riding my bike.

Das **Present Perfect Continuous** wird verwendet, um kontinuierliche Aktivitäten zu beschreiben, die vor einer gewissen Zeit begonnen haben und noch immer andauern (wir verwenden oft die Begriffe **since** und **for**). Die Zeitform wird wie folgt gebildet: Subjekt + **have/has been** + Verb auf **-ing**, z. B.: **I've been waiting for three hours now.** Fragen und Negationen werden mit dem Hilfsverb **have/has** gebildet, z. B.: **Have you been waiting long? I haven't been waiting long.** Diese Zeit kann nur mit Tätigkeitsverben (**action verbs**) verwendet werden. Zum Vergleich: **I've been waiting for an hour.** – *Ich warte seit einer Stunde* (das Verb **to wait** ist ein Tätigkeitsverb). Aber: **I've known her for three years.** – *Ich kenne sie seit drei Jahren* (das Verb **to know** ist ein Zustandsverb, daher gebrauchen wir hier das **Present Perfect**; wir sagen in der Regel nicht: **I've been knowing ...**).

Wir verwenden diese Zeitform auch oft, wenn wir eine Frage mit **How long ...?** stellen. Auch hier gilt: Das Verb muss ein Tätigkeitsverb sein, welches eine noch andauernde Handlung ausdrückt.

Das Verb **to lie** bedeutet *lügen* oder *liegen*. Die **-ing**-Form ist in beiden Fällen **lying**.

Denken Sie daran, dass wir bei Begriffen wie **last week, last month, last year, last Monday** usw. das **Past Simple** verwenden. Wenn wir von einem Zeitraum sprechen, der noch andauert, verwenden wir das **Present Perfect**. Dies gilt für Fälle wie **for/over the last six months** – *in den letzten sechs Monaten,* **for/over the last three days** – *in den letzten drei Tagen.*

Im **Present Perfect Continuous** beschreiben wir auch Aktivitäten, die gerade beendet sind und deren Spuren sich zu diesem Zeitpunkt bemerkbar machen, z. B.: **Have you been eating garlic?** – *Hast du Knoblauch gegessen?* (Diese Frage stellt man, wenn man das Gefühl hat, jemand hat gerade Knoblauch gegessen.)

18. - Ich kann nicht ausgehen.
    - Warum nicht? Was hast du gemacht? ....

19. Ich war schwimmen, und meine Haare sind nass. ....

20. Hast du Schokolade gegessen? ....

21. Ich habe lange gelesen, und jetzt tun mir die Augen weh. ....

22. Ich bin außer Atem, weil ich gelaufen bin. ....

23. Hast du etwas getrunken? ....

24. Wir verkaufen dieses Produkt seit zwei Jahren. ....

25. Es riecht gut, weil meine Frau gekocht hat. ....

26. Ich versuche schon den ganzen Nachmittag, ihn zu erreichen. ....

27. Sie sind seit zwei Monaten unterwegs. ....

28. Seit sie weg sind, bekomme ich Postkarten von ihnen. ....

29. Wir arbeiten seit heute Morgen daran. ....

30. Wie lange arbeiten wir schon daran? ....

31. Er versucht seit mindestens drei Stunden, den Drucker zu reparieren. ....

32. Seit wir hier sind, sieht er zu uns herüber. ....

33. Ich trage jetzt seit zehn Monaten eine Zahnspange. ....

34. Es regnet seit drei Stunden. ....

18. - I can't go out.
- Why? What have you been doing?

19. I've been swimming, and my hair's wet.

20. Have you been eating chocolate?

21. I've been reading for a long time, and now I have sore eyes.

22. I'm out of breath because I've been running.

23. Have you been drinking?

24. We've been selling this product for two years.

25. It smells nice because my wife has been cooking.

26. I've been trying to contact him all afternoon.

27. They've been travelling for two months.

28. I've been receiving postcards from them since they left.

29. We've been working on it since this morning.

30. How long have we been working on it (for)?

31. He's been trying to fix the printer for at least three hours.

32. He's been looking at us since we came here.

33. I've been wearing braces for ten months now.

34. It's been raining for three hours.

Wenn wir eine abgeschlossene Handlung beschreiben würden, würden wir das **Present Perfect** verwenden: **What have you done?** – *Was hast du getan?* (*Was hast du angestellt?*)

Die Verwendung des **Present Perfect Continuous** zeigt an, dass jemand gerade Schokolade gegessen hat und Spuren davon zu sehen sind, beispielsweise an Mund oder Kleidung.

Ein weiteres Beispiel für eine Aktivität, die gerade beendet wurde und deren Auswirkung in diesem Moment sichtbar oder spürbar ist.

Ein häufiger Fehler ist die Verwendung des **Present Continuous** anstelle des **Present Perfect Continuous**. Denken Sie daran, dass mit der Verwendung von **since** und **for** Letzteres kombiniert werden muss. Wir können nicht sagen: ~~We are working since this morning.~~ Zum Vergleich: **We are working.** – *Wir arbeiten* (jetzt, in diesem Moment). **We've been working for three hours.** – *Wir arbeiten seit drei Stunden* (und diese Aktivität dauert noch an).

New words

....

....

....

....

....

....

....

1. Wie lange liest du dieses Buch schon? ....
2. Wie viele Seiten hast du gelesen? ....
3. Ich lese es erst seit drei Tagen, aber ich muss zugeben, dass es toll ist. ....
4. Ich habe es schon gelesen. ....
5. Ich habe bisher für sechs verschiedene Unternehmen gearbeitet. ....
6. Für dieses arbeite ich seit drei Jahren. ....
7. Wir putzen unsere neue Wohnung seit dem frühen Morgen. ....
8. Wir haben bisher zwei Zimmer geputzt. ....
9. Und du? Was hast du heute gemacht? ....
10. Ich habe im Garten gearbeitet. ....
11. Das sieht man, weil deine Hose ganz schmutzig ist. ....
12. Ich weiß. Ich bin noch nicht fertig. ....
13. Also, was hast du bisher gemacht? ....
14. Er hat Englisch in drei verschiedenen Ländern unterrichtet. ....
15. Er unterrichtet seit zehn Jahren Englisch. ....
16. Es regnet jetzt/schon seit einer Stunde. ....
17. Wie oft hat es diesen Monat geregnet? ....

1. How long have you been reading this book?
2. How many pages have you read?
3. I've only been reading it for three days, but I have to admit that it's awesome.
4. I've already read it.
5. I've worked for six different companies so far.
6. I've been working for this one for three years.
7. We've been cleaning our new flat since (the) early morning.
8. We've cleaned two rooms so far.
9. And you? What have you been doing today?
10. I've been working in the garden.
11. It shows because your trousers are all dirty.
12. I know. I haven't finished yet.
13. So, what have you done so far?
14. He's taught English in three different countries.
15. He's been teaching English for ten years.
16. It's been raining for an hour now.
17. How many times has it rained this month?

Hier eine Übersicht, in welchen Situationen bzw. Kontexten wir das **Present Perfect** verwenden:
a) wenn wir uns auf Aktivitäten beziehen, die zwar abgeschlossen sind, jedoch in einem Zeitrahmen, der noch andauert, also z. B. mit **today, this week, this month, this year**;
b) wenn wir über Lebenserfahrungen sprechen, über die wir bisher verfügen;
c) mit den Wörtern **recently** und **lately** – *vor Kurzem, kürzlich*;
d) in Sätzen mit **ever** – *jemals* und **never** – *nie*;
e) mit **already** – *schon, bereits* (in Aussage- und Fragesätzen) und **yet** – *noch* (in Negationen und Fragesätzen);
f) mit dem Wort **just** – *gerade, genau*;
g) mit den Wörtern **for** und **since** – *seit*.
Vergleichen Sie die Sätze 1, 2, 3 und 4. Das **Present Perfect** beschreibt die abgeschlossene Aktion und ggf. deren Ergebnis (z. B. die Anzahl der gelesenen Seiten), während das **Present Perfect Continuous** sich eher auf die Dauer oder den Ablauf einer noch nicht abgeschlossenen Aktion bezieht (z. B. *Wie lange lesen Sie schon ...?, Ich lese es seit ...*).
Das Adverb **now** wird im Zusammenhang mit den **Perfect**-Zeiten oft mit *schon* übersetzt (Satz 16).

Beispiel für einen Satz, der eine nicht abgeschlossene Handlung beschreibt: **What have you been doing?** – *Was hast du (denn so) gemacht?* Wenn man über die beendete Aktion spricht, lautet der Satz: **What have you done?** – *Was hast du getan?*

Denken Sie daran: Wenn Auswirkungen einer Aktivität zu erkennen sind, wird das **Present Perfect Continuous** verwendet.

Bei einigen Verben, z. B. **to live, to work, to teach**, ist es auch bei Angabe der Dauer korrekt, das **Present Perfect** zu verwenden, z. B. **He's taught English for ten years.**

18. Hast du schon einmal daran gedacht, deinen Job zu wechseln? ....

19. Wie lange denkst du schon darüber nach? ....

20. Ich schreibe seit acht Uhr morgens E-Mails. ....

21. Ich habe schon etwa zwanzig geschrieben. ....

22. Hast du schon mit ihm gesprochen? ....

23. Wie lange reden sie jetzt schon? ....

24. Ich war (bisher) zweimal in London. ....

25. Sie sind seit September unterwegs. ....

26. Wir sind seit fünf Stunden unterwegs und haben vierhundert Kilometer zurückgelegt. ....

27. Ich versuche seit einer Stunde, diesen Computer zu reparieren. ....

28. Hast du ihn schon repariert? ....

29. Wie lang wartest du schon auf mich? ....

30. Das ist das erste Mal, dass ich es sehe. ....

31. Ist es das erste Mal, dass du hier bist? ....

32. Das ist das zweite Mal, dass wir dieses Problem haben. ....

33. Ich sage es dir zum hundertsten Mal. Räum deine Spielsachen weg. ....

34. Ich habe dieses Kleid schon zum zweiten Mal gewaschen, aber die Flecken sind immer noch nicht herausgegangen. ....

18. Have you ever thought of changing your job?

19. How long have you been thinking about it?

20. I've been writing e-mails since eight a.m.

21. I've already written about twenty.

22. Have you talked to him yet?

23. How long have they been talking now?

24. I've been to London twice.

25. They've been travelling since September.

26. We've been driving for five hours, and we've done four hundred kilometres.

27. I've been trying to fix this computer for an hour.

28. Have you fixed it yet?

29. How long have you been waiting for me?

30. This is the first time (that) I've seen it.

31. Is this the first time (that) you've been here?

32. This is the second time (that) we've had this problem.

33. This is the hundredth time (that) I've told you (that). Put your toys away.

34. This is the second time (that) I've washed this dress, but the stains still haven't come out.

Wenn wir nach der Dauer einer Handlung ab dem Zeitpunkt ihres Beginns fragen, verwenden wir das **Present Perfect Continuous** im Zusammenhang mit Tätigkeitsverben und das **Present Perfect** mit Zustandsverben, z. B.: **How long have you been looking for a job now?** – *Wie lange suchen Sie schon nach einem Job?* (Tätigkeitsverb)? **How long have you known each other?** –*Wie lange kennt ihr euch schon?* (Zustandsverb)

Wir verwenden auch das **Present Perfect** mit den folgenden Begriffen: **This is the first/second/third time I have done/seen/been ...** usw. *Das ist das erste/zweite/dritte Mal, dass ich ... gemacht/gesehen habe / ... gewesen bin* usw. Hier geht es um unsere Lebenserfahrung. Ein häufiger Fehler ist, wie bereits erwähnt, die Verwendung des **Present Simple** in dieser Art von Sätzen. Wir sagen nicht: ~~This is the first time that I see it.~~

New words

....

....

....

....

....

....

....

1. Ich habe diese Woche dreimal mit meinem Chef gesprochen. ....

2. Tom ist noch nicht gekommen. ....

3. Ich habe heute zu viel gegessen und getrunken. ....

4. Wir haben diese Woche nichts Wichtiges gemacht. ....

5. Wir haben eine neue Kaffeemaschine gekauft. Gefällt sie dir? ....

6. Ich habe sie in letzter Zeit nicht gesehen. ....

7. Ist es das erste Mal, dass du mit einem Flugzeug geflogen bist? ....

8. Sie hat sich gerade ihre erste Wohnung gekauft. Sie war noch nie so glücklich. ....

9. Seit der Geburt seines Babys schläft er nicht mehr viel. ....

10. Ich habe sie noch nicht getroffen. ....

11. Ich habe gerade die Wette gewonnen. ....

12. Ich habe sechs Kilo abgenommen, seit ich auf Diät bin. ....

13. Er hat nie vergessen, was wir mit ihm gemacht haben. ....

14. Hast du dein Auto schon verkauft? ....

15. Ich habe mir schon ein neues ausgesucht. ....

16. Ich habe es noch nicht bezahlt. ....

17. Schau, was ich gerade gefunden habe! ....

1. I've spoken to my boss three times this week.
2. Tom hasn't come yet.
3. I've eaten and drunk too much today.
4. We haven't done anything important this week.
5. We've bought a new coffee machine. Do you like it?
6. I haven't seen her lately.
7. Is this the first time that you've flown in an aeroplane?
8. She's just bought her first flat. She's never felt so happy.
9. Since his baby was born, he hasn't slept much.
10. I haven't met her yet.
11. I've just won the bet.
12. I've lost six kilos since I went on a diet.
13. He's never forgotten what we did to him.
14. Have you sold your car yet?
15. I've already chosen a new one.
16. I haven't paid for it yet.
17. Look what I've just found!

Irregular verbs – *unregelmäßige Verben*:

Infinitive	Past Simple	Present Perfect	deutscher Infinitiv
to be	**was/ were**	**been**	*sein*
to break	**broke**	**broken**	*brechen*
to bring	**brought**	**brought**	*bringen*
to build	**built**	**built**	*bauen*
to buy	**bought**	**bought**	*kaufen*
to choose	**chose**	**chosen**	*wählen*
to come	**came**	**come**	*kommen*
to do	**did**	**done**	*tun*
to drink	**drank**	**drunk**	*trinken*
to eat	**ate**	**eaten**	*essen*
to fall	**fell**	**fallen**	*fallen*
to feel	**felt**	**felt**	*fühlen*
to find	**found**	**found**	*finden*
to fly	**flew**	**flown**	*fliegen*
to forget	**forgot**	**forgotten**	*vergessen*
to get	**got**	**got/ gotten**	*bekommen*
to give	**gave**	**given**	*geben*
to go	**went**	**gone**	*gehen*
to hear	**heard**	**heard**	*hören*
to lose	**lost**	**lost**	*verlieren*
to make	**made**	**made**	*machen*
to meet	**met**	**met**	*treffen*
to pay	**paid**	**paid**	*(be)zahlen*
to read /ri:d/	**read /red/**	**read /red/**	*lesen*
to say	**said**	**said**	*sagen*
to see	**saw**	**seen**	*sehen*
to send	**sent**	**sent**	*senden*
to sell	**sold**	**sold**	*verkaufen*
to sing	**sang**	**sung**	*singen*
to sleep	**slept**	**slept**	*schlafen*
to speak	**spoke**	**spoken**	*sprechen*
to take	**took**	**taken**	*nehmen*
to tell	**told**	**told**	*erzählen*

18. Ich habe heute zwei wichtige Entscheidungen getroffen. ....

19. Hast du schon mal in einem Chor gesungen? ....

20. Wie viele Exemplare hast du mitgebracht? ....

21. Ich habe dir die drei Bücher geschickt, die du noch nicht gelesen hast. ....

22. Jemand hat meinen Schal genommen. ....

23. Hast du bisher alles verstanden? ....

24. Das habe ich schon gehört. ....

25. Hast du jemals über die Konsequenzen nachgedacht? ....

26. Die Temperatur ist in letzter Zeit stark gesunken. Ich habe mich noch nie so schlecht gefühlt. ....

27. Was hast du getan?! ....

28. Ich habe den Stuhl kaputt gemacht. ....

29. Er hat seinen Job verloren. ....

30. Ich habe dir tausendmal gesagt, du sollst vorsichtig sein. ....

31. Wie viele Romane hat sie schon geschrieben? ....

32. Bis jetzt haben sie in diesem Jahr hundert Kilometer Autobahnen gebaut. ....

33. Hast du schon gehört? Die deutsche Mannschaft hat gewonnen! ....

34. Hast du schon angefangen? ....

18. I've made two important decisions today.

19. Have you ever sung in a choir?

20. How many copies have you brought with you?

21. I've sent you the three books that you haven't read yet.

22. Somebody has taken my scarf.

23. Have you understood everything so far?

24. I've already heard that.

25. Have you ever thought about the consequences?

26. The temperature has fallen a lot recently.
I've never felt so bad.

27. What have you done?!

28. I've broken the chair.

29. He's lost his job.

30. I've told you a thousand times to be careful.

31. How many novels has she written so far?

32. So far this year, they've built a hundred kilometres of highways.

33. Have you heard? The German team has won!

34. Have you already begun?

Irregular verbs – *unregelmäßige Verben*:

Infinitive	**Past Simple**	**Present Perfect**	deutscher Infinitiv
to think	**thought**	**thought**	*denken*
to under-stand	**under-stood**	**under-stood**	*verstehen*
to win	**won**	**won**	*gewinnen*
to write	**wrote**	**written**	*schreiben*

Es gibt eine Gruppe von Verben, deren Vergangenheitsformen wir auf ähnliche Weise bilden und auch analog aussprechen: **drink** [drɪŋk], **drank** [dræŋk], **drunk** [drʌŋk]; **swim** [swɪm], **swam** [swæm], **swum** [swʌm]; **sing** [sɪŋ], **sang** [sæŋ], **sung** [sʌŋ]; **begin** [bɪˈgɪn], **began** [bɪˈgæn], **begun** [bɪˈgʌn]. (Vgl. z. B. Satz 19.)

Bei den Vergangenheitsformen der Verben **to fall** und **to feel** kann es zu Verwechslungen kommen. Prägen Sie sich die Formen ein: **feel - felt - felt, fall - fell - fallen.**

New words

....

....

....

....

....

....

....

UNIT 11 **Indirect questions**

1. Weißt du, wo Maria ist? ....

2. Ich habe keine Ahnung, wo sie ist. ....

3. Kannst du mir sagen, wie ihre Telefonnummer lautet? ....

4. Ich kann mich nicht erinnern, wie ihre Telefonnummer lautet. ....

5. Weißt du, was das ist? ....

6. Kannst du mir sagen, wessen Auto das ist? ....

7. Ich möchte wissen, wo er wohnt. ....

8. Möchten Sie wissen, wie seine Adresse lautet? ....

9. Ich kann mich nicht erinnern, wann das Konzert beginnt. ....

10. Weißt du, wo es ist? ....

11. Ich weiß nicht, wann die Konferenz stattfindet. ....

12. Kannst du mir sagen, warum er hier ist? ....

13. Können Sie mir sagen, was der beste Weg ist, um dorthin zu kommen? ....

14. Weißt du, wer dieser Mann ist? ....

15. Ich weiß nicht, wie alt er ist. ....

16. Ich kann mich nicht erinnern, wo ich es gefunden habe. ....

17. Können Sie mir sagen, welches Stockwerk es ist? ....

1. Do you know where Maria is?
2. I have no idea where she is.
3. Can you tell me what her phone number is?
4. I don't remember what her phone number is.
5. Do you know what this is?
6. Can you tell me whose car it is?
7. I want to know where he lives.
8. Do you want to know what his address is?
9. I don't remember what time the concert starts.
10. Do you know where it is?
11. I don't know when the conference is.
12. Can you tell me why he is here?
13. Can you tell me what the best way to get there is?
14. Do you know who that man is?
15. I don't know how old he is.
16. I don't remember where I found it.
17. Can you tell me which floor it is?

Indirect questions, *indirekte Fragen*, haben grundsätzlich die gleiche Struktur wie Aussagesätze. Wir verwenden sie, wenn eine Frage nicht direkt, sondern mit einem fragenden Ausdruck oder einem Satz eingeleitet wird, z. B.:
Do you know where she is?
Can you tell me where she is?
I don't know where she is.
I'm not sure where she is.
Wir können nicht sagen: ~~Do you know where is she?~~
Where she is ist die Formulierung für eine indirekte Frage. Diese hat, wie gesagt, grundsätzlich dieselbe Struktur wie ein Aussagesatz, d. h. Subjekt + Prädikat (**she is**):
Do you know where she is?
Wenn wir ein Problem mit der Konstruktion einer indirekten Frage haben, können wir uns mit der Formulierung eines Aussagesatzes behelfen, der die gleiche Struktur hat, z. B.:
Can you tell me what her phone number is?
Her phone number is ...

Auch wenn das Subjekt, wie in diesem Beispiel, lang bzw. mehrteilig ist (**the best way to get there**), wird in der indirekten Frage das Prädikat, also das Verb, in der Regel hinter das Subjekt gestellt. Oft hört man in der Umgangssprache in solchen Fällen eine Inversion, bei der das Subjekt auf das Prädikat folgt.

18. Frag sie, zu welcher Zeit sie kommen. ....

19. Sagen Sie uns, wann die Show beginnt. ....

20. Wissen sie, wie unsere Adresse lautet? ....

21. Sag ihnen, welche Metrolinie sie nehmen sollen. ....

22. Ich kann mich nicht erinnern, wo er arbeitet. ....

23. Weißt du, ob er Hilfe braucht? ....

24. Ich würde gerne wissen, wo Marys Büro ist. ....

25. Kannst du mir sagen, wie spät es ist? ....

26. Ich habe keine Ahnung, wie viel er verdient. ....

27. Weißt du noch, wo du sie gesehen hast? ....

28. Wissen Sie, wo Reading ist? ....

29. Kannst du mir sagen, was dieses Wort bedeutet? ....

30. Ich weiß nicht mehr, was es bedeutet. ....

31. Weißt du, ob er ein Auto hat? ....

32. Ich kann mich nicht mehr erinnern, wo ich meine Brieftasche hingelegt habe. Hast du sie gesehen? ....

33. Kannst du mir zeigen, wo die Umkleidekabinen sind? ....

34. Es ist schwer zu sagen, welches Material es ist. ....

18. Ask them what time they're coming.

19. Tell us what time the show starts.

20. Do they know what our address is?

21. Tell them which metro line they should take.

22. I don't remember where he works.

23. Do you know if he needs any help?

24. I would like to know where Mary's office is.

25. Can you tell me what time it is?

26. I have no idea how much he earns.

27. Do you remember where you saw her?

28. Do you know where Reading is?

29. Can you tell me what this word means?

30. I don't remember what it means.

31. Do you know if he has a car?

32. I can't remember where I put my wallet. Have you seen it?

33. Can you show me where the fitting rooms are?

34. It's hard to say what material it is.

Indirekte Fragen stehen auch nach Imperativen, also Befehlssätzen, z. B.: **Tell me where you are.** – *Sag mir, wo du bist.* **Ask them what time their train arrives.** – *Frag sie, zu welcher Zeit ihr Zug ankommt.* Wir sagen nicht: ~~Tell me where are you. Ask them what time does their train arrive.~~

Im Englischen verwenden wir im Zusammenhang mit Verkehrsmitteln das Verb **to take**, z. B.: **to take a bus** – *den Bus nehmen* (wörtlich: *einen Bus nehmen*), **to take a taxi** – *ein Taxi nehmen.*

Geschlossene Fragen, also Fragen, die mit Ja oder Nein beantwortet werden können, werden in der indirekten Rede generell mit **if** eingeleitet, z. B. **Does he like chocolate? I don't know if he likes it.** – *Mag er Schokolade? Ich weiß nicht, ob er sie mag.*

Die direkte Frage wäre: **Where is Mary's office?**

Reading ist eine Stadt westlich von London. Achten Sie auf die Aussprache ['redɪŋ].

New words

....

....

....

....

....

....

....

1. Könnten Sie mir bitte die Uhrzeit sagen? / Könnten Sie mir bitte sagen, wie spät es ist? ....
2. Du solltest auf jeden Fall mit ihm darüber reden. ....
3. - Soll ich dir helfen?
   - Ja, bitte. Kannst du mir die Kiste da geben? ....
4. Er konnte nicht verstehen, was ich sagte. ....
5. Denkst du, wir sollten es ihr sagen? ....
6. Konntest du Englisch sprechen, als du fünf (Jahre alt) warst? ....
7. Du solltest nicht so viel für Kleidung ausgeben. ....
8. Wir müssen zur Bank gehen und (etwas) Geld abheben. ....
9. Darf ich deinen Computer benutzen?
   - Er gehört ganz dir. ....
10. Könntest du mich in einer Minute zurückrufen? ....
11. Ich kann keinen Salsa tanzen. Und du? ....
12. Ich kann es dir beibringen, wenn du willst. ....
13. Wirst du es bis morgen erledigen können? ....
14. Es tut mir leid, aber ich werde dich nicht zum Flughafen fahren können. ....
15. Sie dürfen hier nichts anfassen. ....
16. - Sollen wir tanzen?
    - Gut, dann lass uns tanzen. ....
17. Sollen wir heute Abend ausgehen? Soll ich einen Tisch reservieren? ....

1. Could you tell me the time, please? / Could you tell me what time it is, please?
2. You should definitely talk to him about it.
3. - Shall I help you?
   - Yes, please. Can you pass me that box?
4. He couldn't understand what I was saying.
5. Do you think we should tell her?
6. Could you speak English when you were five (years old)?
7. You shouldn't spend so much on clothes.
8. We must go to the bank and take out some money.
9. - May I use your computer?
   - It's all yours.
10. Could you call me back in a minute?
11. I can't dance salsa. Can you?
12. I can teach you if you want.
13. Will you be able to do it for tomorrow?
14. I'm sorry, but I won't be able to drive you to the airport.
15. You mustn't touch anything here.
16. - Shall we dance?
    - OK, let's dance then.
17. Shall we go out tonight? Shall I book a table?

In diesem Kapitel werden die grundlegenden Modalverben behandelt. Ein ihnen gemeinsames Merkmal ist, dass sie für alle Personen die gleiche Form haben (wir fügen also in der 3. Pers. Sing. kein **-s** hinzu). Bei Fragen und Negationen dienen sie als Hilfsverben; durch Inversion bilden wir mit ihnen Fragen und durch das Hinzufügen von **not** Verneinungen.

- **Can** bedeutet *können*, z. B. **I can swim.** – *Ich kann schwimmen.* Es kann auch bedeuten, dass man in der Lage ist, etwas zu tun, z. B. **I can help you.** – *Ich kann dir helfen.*
- **Could** dient als Höflichkeitsform, die (in der Gegenwart) im Sinne von *könntest du / könnten Sie* usw. verwendet wird, z. B. **Could you check your e-mail?** – *Könnten Sie Ihre E-Mails checken?*
- **Could** ist zudem die Vergangenheitsform von **can**, z. B. **I couldn't go to the party.** – *Ich konnte nicht zu der Party gehen.*
- **Should** bezieht sich auf eine Verpflichtung, z. B. **Should I tell him?** – *Soll ich es ihm sagen?*
- **Shall** verwenden wir in der 1. Pers. Sing. und Pl. (**I, we**), wenn wir etwas anbieten oder vorschlagen, z. B.: **Shall we dance?** – *Sollen wir tanzen?*
- **Must** und **have to** drücken eine Verpflichtung aus. Der Unterschied zwischen ihnen ist in Aussagesätzen nur geringfügig; **must** ist geläufiger, wenn wir unsere persönliche Meinung äußern, und **have to** wird öfter gebraucht, wenn es um eine einfache Tatsache oder eine uns auferlegte Verpflichtung geht. In negativen Sätzen bezieht sich **mustn't** auf ein Verbot (etwas ist nicht erlaubt); **don't/ won't/didn't have to** hingegen bedeutet, dass keine Verpflichtung besteht, vgl. z. B. **You mustn't go there.** – *Du darfst nicht dorthin gehen.* Aber: **You don't have to go there.** – *Du musst nicht dort hingehen.*
- **May** wird in Genehmigungsfragen verwendet, z. B. **May I use your computer?** – *Darf ich Ihren Computer benutzen?*

Wenn wir das Verb **can** in Bezug auf die Zukunft verwenden möchten, sagen wir **to be able to**, z. B. **I will be able to go.** – *Ich werde gehen können* (vgl. Satz 13). Die entsprechende negative Form ist **won't** (Satz 14).

18. Darf ich zur Toilette gehen? ....

19. Das darfst du nicht. Wir machen in zwei Minuten eine Pause. ....

20. - Ich konnte nicht zum Meeting gehen.
    - Warum konntest du nicht gehen? ....

21. Um wie viel Uhr müssen wir dort sein? ....

22. Darf ich dich etwas fragen? ....

23. Ich war noch nie in der Lage, dieses Spiel zu beenden. ....

24. Du solltest etwas dagegen tun. ....

25. Was sollen wir machen? Sollen wir darüber reden? ....

26. Ich konnte laufen, als ich ein Jahr alt war. ....

27. Am Nachmittag könnte es regnen. Sollen wir unsere Pläne ändern? ....

28. Es könnte ein Problem sein, aber ich hoffe, wir können es klären. ....

29. Mike sollte zu Hause sein. Wir könnten später zu ihm gehen. ....

30. Es könnte schlimmer sein. ....

31. Er könnte seine Meinung ändern. ....

32. Mögen alle deine Träume wahr werden. ....

33. Möge Gott dich segnen. ....

34. Darf ich etwas sagen? Kannst du ruhig sein? ....

18. May I go to the bathroom?

19. You may not. We'll have a break in two minutes.

20. - I couldn't go to the meeting.
- Why couldn't you go?

21. At what time do we have to be there?

22. May I ask you something?

23. I've never been able to finish this game.

24. You should do something about it.

25. What should we do? Shall we discuss it?

26. I could walk when I was a/one year old.

27. It might rain in the afternoon. Shall we change our plans?

28. It might be a problem, but I hope we'll be able to sort it out.

29. Mike should be at home. We might go and see him later on.

30. It could be worse.

31. He might change his mind.

32. May all your dreams come true.

33. May God bless you.

34. May I say something? Can you be quiet?

Das Verb **may** in Fragen um Erlaubnis ist eine höflichere Form als **can** und wird in diesem Sinne nur mit der 1. Pers. Sing. und Pl. verwendet. Es ist jedoch möglich, mit anderen Personen eine kurze Antwort mit **may** zu geben, wie in Satz 19.

Can hat keine eigene Form im **Present Perfect**. Ebenso wie für die Zukunft verwenden wir auch hier den Ausdruck **to be able to**, diesmal in der entsprechenden **Present-Perfect**-Form, z. B. **I have never been able to go there.** – *Ich konnte nie dorthin gehen.*

Shall kann zum einen Vorschläge auszudrücken, es kann jedoch auch gleichbedeutend mit **will** sein, wenn es um die Zukunft geht, allerdings auch hier wieder nur für die 1. Pers. Sing. (**I**) und Pl. (**we**), z. B.: **We shall/will change the date if necessary.** – *Wir werden den Termin bei Bedarf ändern.* **I shall/will be back in an hour.** – *Ich werde in einer Stunde zurück sein.*

Das Modalverb **might** wird verwendet, wenn wir über etwas Wahrscheinliches sprechen. Die Bedeutung des Verbs **may** ist sehr ähnlich, dieses drückt jedoch eine noch etwas höhere Wahrscheinlichkeit als **might** aus, z. B.: **It may rain in the afternoon.**

May bezieht sich auf eine Bitte um Erlaubnis oder eine Wahrscheinlichkeit. Es wird auch verwendet, wenn wir Wünsche übermitteln.

New words

....

....

....

....

....

....

....

1.	Hier stimmt etwas nicht.	....
2.	Gibt es irgendetwas, wobei ich dir helfen kann?	....
3.	Ist hier jemand, der Französisch spricht? Ich brauche jemanden, der Französisch spricht.	....
4.	Ich habe nichts hinzuzufügen.	....
5.	Ich habe nichts damit zu tun.	....
6.	Hat jemand für mich angerufen, als ich weg war?	....
7.	Alles ist gut.	....
8.	Niemand glaubte ihnen.	....
9.	Es ist jemand hier gewesen. Da sind überall Fußabdrücke.	....
10.	Hast du irgendwo meine Schlüssel gesehen? Ich habe überall gesucht.	....
11.	Ich will irgendwo hingehen, wo der Strand in der Nähe ist.	....
12.	Alle außer John kamen pünktlich.	....
13.	Hat dich jemand gesehen?	....
14.	Jemand muss es tun. Es spielt keine Rolle, wer.	....
15.	Hast du in letzter Zeit jemanden getroffen?	....
16.	- Wo bist du gewesen? - Nirgendwo.	....
17.	Niemand mag mich.	....

1. Something is wrong here.
2. Is there anything I could help you with?
3. Is there anyone here who can speak French? I need someone who can speak French.
4. I have nothing to add.
5. I have nothing to do with it. / I don't have anything to do with it.
6. Did anyone call me when I was away/out?
7. Everything is fine.
8. No one believed them.
9. Someone has been here. There are footprints everywhere.
10. Have you seen my keys anywhere? I've looked everywhere.
11. I want to go somewhere near the beach.
12. Everyone except John arrived on time.
13. Did anyone see you?
14. Somebody has to do it. It doesn't matter who.
15. Have you met anyone recently?
16. - Where have you been?
    - Nowhere.
17. Nobody likes me.

Some und davon abgeleitete Pronomen, also **something** – *etwas*, **someone/somebody** – *jemand*, **somewhere** – *irgendwo*, verwenden wir in Aussagesätzen. **Any** und seine Ableitungen, d. h. **anything, anyone/anybody, anywhere,** gebrauchen wir in Fragen und Verneinungen. In Fragen bedeuten diese Ausdrücke *irgendetwas, irgendjemand, irgendwo*, in Verneinungen hingegen *nichts, niemand, nirgendwo.* **No** und seine Ableitungen, also **nothing** – *nichts*, **no one / nobody** – *niemand*, **nowhere** – *nirgendwo*, werden in negativen Sätzen gebraucht.

Einen Satz wie ~~I don't have nothing to add~~ gibt es im Englischen nicht, denn es gibt grundsätzlich keine zwei Verneinungen (**don't, nothing**) in einer solchen Satzstruktur. Wir können jedoch sagen: **I don't have anything to add.**

To be out bedeutet, dass wir für eine Weile irgendwo hingehen (in einen Laden, zum Mittagessen usw.). **To be away** heißt, dass wir weg bzw. unterwegs sind.

Every (*jeder[r, s]*) und seine Ableitungen, d. h. **everything** – *alles*, **everyone/everybody** – *jeder(r, s)*, **everywhere** – *überall*, können wir in allen Arten von Sätzen verwenden.

Wenn die Pronomen **no one, nobody, nothing** Subjekt eines Satzes sind, können sie nicht durch **anyone, anybody, anything** ersetzt werden, z. B.: **Nobody / No one came.** – *Niemand/Keiner kam.* Wir sagen nicht: ~~Anyone didn't come.~~ Auch **nothing** kann, wenn es Subjekt eines Satzes ist, nicht durch **anything** ersetzt werden, z. B.: **Nothing is clear.** – *Nichts ist klar.* Wir sagen nicht: ~~Anything isn't clear.~~

18. Möchtest du etwas zu trinken? ....

19. Ist jemand zu Hause? ....

20. Hier kann man nirgendwo parken. Lass uns woanders hinfahren. ....

21. Bitte erzählen Sie mir etwas über Ihre Ausbildung. ....

22. Kennt jemand die Antwort? ....

23. Jeder kann ein Sandwich machen. Es ist so einfach. ....

24. Wenn du irgendwelche Zweifel hast, lass es mich wissen. ....

25. Er ist nicht sehr wählerisch. Er wird mit allem zufrieden sein. ....

26. Du kannst sitzen, wo du willst. ....

27. Niemand anderes will mit uns gehen. Ich denke, dass jeder gehen sollte. ....

28. Mir hat jemand erzählt, dass du ein neues Auto gekauft hast. ....

29. Ich kenne niemanden, der es kaufen möchte. ....

30. Niemand kam zu dem Treffen. ....

31. Warum ist niemand zu dem Treffen gekommen? ....

32. Es scheint, dass jeder schon Bescheid weiß. Ich habe es niemandem erzählt. ....

33. Tu etwas. Du hast bisher nichts getan. Die Gäste kommen bald. ....

34. Ich dachte, das Schuhgeschäft sei irgendwo hier. Ich kann es nirgends sehen. ....

18. Would you like something to drink?

19. Is there anyone at home?

20. There's nowhere to park here. Let's go somewhere else.

21. Please tell me something about your education.

22. Does anyone know the answer?

23. Anyone can make a sandwich. It's so easy.

24. If you have any doubts, let me know.

25. He's not very picky. He will be happy with anything.

26. You can sit anywhere you want.

27. No one else wants to go with us. I think (that) everyone should go.

28. Somebody told me that you bought a new car.

29. I don't know anyone who would like to buy it.

30. Nobody came to the meeting.

31. Why didn't anybody come to the meeting?

32. It seems (that) everyone already knows. I didn't tell anyone.

33. Do something. You've done nothing so far. The guests are coming soon.

34. I thought the shoe shop was somewhere here. I can't see it anywhere.

Wir verwenden **something** (und andere Ableitungen von **some**) in Fragen, wenn wir z. B. jemandem etwas zu trinken oder zu essen anbieten. Beispiel:
Can you say something about yourself? – *Können Sie etwas über sich selbst sagen?*

Wir fügen das Wort **else** hinzu, wenn wir auf jemand anderen oder etwas anderes usw. verweisen wollen, z. B. **someone else** – *jemand anderes*, **nothing else** – *nichts anderes*, **anywhere else** – *irgendwo anders.*

Anyone/anybody und andere von **any** abgeleitete Pronomen können in Aussagesätzen verwendet werden, wenn wir betonen wollen, dass wir über irgendeine x-beliebige Person oder Sache sprechen, unabhängig von ihren Eigenschaften. Je nach Kontext übersetzen wir dies mit *jede(r, s) (x-beliebige), irgendwer, irgendwelche* usw., z. B.:
If you have any questions, feel free to contact me. – *Wenn Sie irgendwelche Fragen haben, zögern Sie nicht, mich zu kontaktieren.*
You can park anywhere. – *Sie können überall parken.*
It can happen to anyone. – *Das kann jedem passieren.*

Denken Sie daran, dass **no one** getrennt geschrieben wird. Es ist jedoch auch möglich, den Ausdruck mit Bindestrich (**no-one**) zu schreiben.

New words

....

....

....

....

....

....

....

1. Es dauert fünf Minuten. ....
2. Es braucht Zeit, das zu machen. ....
3. Es dauert Jahre, einen Roman zu schreiben. ....
4. Wie lang dauert es? ....
5. Es dauert zwei Minuten, einen Kaffee zu machen. ....
6. Wie lang hast du gebraucht, um dieses Buch zu lesen? ....
7. Ich habe eine Woche gebraucht. ....
8. Wie lang brauchst du, um zur Arbeit zu kommen? ....
9. Ich brauche nicht länger als eine halbe Stunde. ....
10. Dauert es in dieser Gegend lang, einen Parkplatz zu finden? ....
11. Er wird nicht länger als fünfzehn Minuten brauchen. ....
12. Wie lang dauert es, ein Visum zu bekommen? ....
13. Man braucht zwei Stunden, um auf die andere Seite der Stadt zu gelangen. ....
14. Die Erstellung eines Berichts dauert zwei Stunden. ....
15. Wie lang wird es dauern? ....
16. Es wird nicht lang dauern. ....
17. Wir werden nicht lang brauchen. ....

1. It takes five minutes.
2. It takes time to do it.
3. It takes years to write a novel.
4. How long does it take?
5. It takes two minutes to make a coffee.
6. How long did it take you to read this book?
7. It took me one week.
8. How long does it take you to get to work?
9. It doesn't take me more than half an hour.
10. Does it take long to park in this area?
11. It won't take him more than fifteen minutes.
12. How long does it take to get a visa?
13. It takes two hours to get to the other side of the city.
14. It takes two hours to prepare a report.
15. How long will it take?
16. It won't take long.
17. It won't take us a long time.

Konstruktionen mit **it takes** werden verwendet, um auszudrücken, wie viel Zeit etwas in Anspruch nimmt. Das Subjekt ist hierbei stets **it**, und es steht in der Regel am Anfang des Ausdrucks.
Die gesamte Struktur sieht wie folgt aus:
It takes (me) five minutes to do it.
It + Form von **to take** (in der entsprechenden Zeit) + (**me, you, him, her, us, you, them**) + Zeitangabe (hier: **five minutes**) + **to do ...**
Wenn der Satz auf eine bestimmte Person bezogen ist, können wir ein Pronomen einfügen (**me, you, him** usw.).
Vergleichen Sie auch die Sätze 16 und 17.
Fragen nach der Dauer beginnen häufig mit der Formulierung: **How long ...?** – *Wie lange ...?*

(zu 8) Entsprechende Fragen werden mit der Konstruktion Hilfsverb + Subjekt + Verb gestellt. Das Hilfsverb ändert sich je nach der Zeitform, die gebraucht wird:
How long does/did/will it take to...? – *Wie lange dauert es / hat es gedauert / wird es dauern, bis ...?* (**Present Simple: does, Past Simple: did, Future Simple: will**)

(zu 17) Ein Personalpronomen (in diesem Fall **us**) wird hinzugefügt, wenn wir uns auf eine bestimmte Person oder Personengruppe beziehen.

18. Ich brauche eine Stunde.
19. Wie lange wird es dauern, bis sie hier sind?
20. Ich denke, sie werden ein paar Stunden brauchen.
21. Ich habe fünf Minuten gebraucht, um es zu reparieren.
22. Wie lang hast du gebraucht, um deine Wohnung zu verkaufen?
23. Ich habe über zwei Jahre gebraucht.
24. Wie lang brauchen Ihre Kinder, um ihre Hausaufgaben zu machen?
25. Wie lang hast du bisher gebraucht?
26. Wie lang brauche ich, um Englisch zu lernen?
27. Wie lang dauert es, nach New York zu fliegen?
28. Hast du lang gebraucht, um ihn zu überzeugen?
29. Wird er lang brauchen, um diese Informationen zu finden?
30. Es hat mein ganzes Leben gedauert, bis ich es verstanden habe.
31. Ich brauche nicht lang, um etwas zu kochen. Nimm Platz und warte ein Weilchen.
32. Er sucht seit einiger Zeit einen Job. Wie lange dauert das schon?
33. Sie haben ewig gebraucht, um die Waschmaschine zu reparieren.
34. Wir haben keine Zeit, in die Innenstadt zu fahren. In der Hauptverkehrszeit dauert es zwanzig Minuten.

18. It'll take me an hour.

19. How long will it take them to get here?

20. I think (that) it will take them a few hours.

> **Few** bedeutet *wenig*, und **a few** ist übersetzbar mit *ein paar.*

21. It took me five minutes to repair it.

> Auch hier ist wieder die Struktur des Ausdrucks zu erkennen, der Satz beginnt mit dem Subjekt **it**:
> **it** + Verbform von **to take** + Personenangabe + Zeitangabe + **to do**.

22. How long did it take you to sell your flat?

23. It took me over two years.

24. How long does it take your children to do their homework?

25. How long has it taken you so far?

> Denken Sie daran, dass in einem Satz oder einer Frage mit **so far** das **Present Perfect** verwendet wird.

26. How long will it take me to learn English?

27. How long does it take to fly to New York?

28. Did it take you long to persuade him?

29. Will it take him long to find this information?

30. It has taken me all my life to understand it.

31. It won't take me long to cook something. Take a seat and wait a while.

32. He's been looking for a job for some time now. How long has it taken him so far?

33. It took them ages to fix the washing machine.

34. We don't have time to go to the centre. It takes twenty minutes during (the) rush hour.

New words

....

....

....

....

....

....

....

1. Ich habe (früher einmal) in Berlin gelebt. ....
2. Sie war mal blond. ....
3. Früher bin ich jeden Samstag ins Kino gegangen. ....
4. Ich habe als Kind für diesen Fußballverein gespielt. ....
5. Sie nannten mich immer Johnny. ....
6. Früher mochte ich meinen Job nicht, aber jetzt schon. ....
7. Rauchst du? ....
8. Ich habe mal geraucht, aber letztes Jahr habe ich aufgehört. ....
9. Hast du (früher) viel geraucht? ....
10. Hat dein Vater auch geraucht? ....
11. Sie sieht aus wie ein Mädchen, das ich (früher) mal kannte. ....
12. Früher mochte sie diese Band nicht, aber dann änderte sie ihre Meinung. ....
13. Er rief sie jeden Tag an. ....
14. Hatte sie früher lange Haare? ....
15. Warst du viel unterwegs, bevor du diesen Job bekommen hast? ....
16. Ich habe in einer Fabrik gearbeitet, bevor ich Verkäufer wurde. ....
17. Dieser Computer hat einwandfrei funktioniert, bevor Sie dieses Programm installiert haben. ....

1. I used to live in Berlin.
2. She used to be blonde.
3. I used to go to the cinema every Saturday.
4. I used to play for this football club as a child.
5. They used to call me Johnny.
6. I didn't use to like my job, but now I do.
7. Do you smoke?
8. I used to (smoke), but I quit last year.
9. Did you use to smoke a lot?
10. Did your father use to smoke, too?
11. She looks like a girl that I used to know.
12. She didn't use to like this band, but then she changed her mind.
13. He used to call her every day.
14. Did she use to have long hair?
15. Did you use to travel a lot before you got this job?
16. I used to work in a factory before I became a salesperson/salesman.
17. This computer used to work fine before you installed this programme.

Used to wird verwendet, wenn wir uns auf Zustände oder Handlungen beziehen, die sich in der Vergangenheit mehr oder weniger regelmäßig wiederholt haben und jetzt nicht mehr stattfinden. In dieser Art von Sätzen kann man sich im Deutschen stets die Formulierung *Es gab einmal eine Zeit ...* hinzudenken. Beispiel: **I used to have dark hair.** – *Ich hatte früher dunkle Haare. (Es gab einmal eine Zeit, in der ich dunkle Haare hatte.)*
Die Form **used to** ist für alle Personen gleich. Im Anschluss daran verwenden wir das Verb in der Form eines Infinitivs (**used to do**).

Im zweiten Teil des Satzes ist es nicht erforderlich, das Verb zu wiederholen, wenn es sich um dasselbe Verb handelt wie im ersten Teil des Satzes. Es genügt, das Hilfsverb zu verwenden, das dem grammatikalischen Kontext und der Zeitform entspricht (in diesem Satz **do**: **now I do**).

Wenn die Antwort dasselbe Verb enthält (bzw. potenziell enthalten würde), das bereits in der Frage verwendet wurde, können wir einfach sagen: **I used to, but ...**

Fragen und Negationen bilden wir im **Past Simple** mit **did (not)**, z. B.: **Did you use to live together?** – *Habt ihr schon einmal (in der Vergangenheit) zusammen gewohnt?*
We didn't use to live together, but now we do. – *Früher haben wir nicht zusammen gewohnt, aber jetzt schon.*

Wir verwenden diese Konstruktion auch, wenn wir uns auf etwas beziehen, das vor gewissen Veränderungen passiert ist.

18. Früher hatte ich meine eigene Firma, aber leider ist sie bankrott gegangen. ....

19. Zurzeit lebt er nicht hier, aber er hat hier früher mal gelebt. ....

20. Weißt du noch, wie wir früher (immer) zusammen nach Berlin gefahren sind? ....

21. Früher haben wir Pizza telefonisch bestellt. Jetzt nutzen wir das Internet. ....

22. Als Teenager habe ich mehr verdient als heute. ....

23. Das Gebäude dort war mal eine Kirche. ....

24. Ich bin nicht mehr so gut in Mathe wie früher. ....

25. Ich habe (früher immer) viel gelernt. Ich bin nicht so oft ausgegangen. ....

26. Hier war mal ein Restaurant. ....

27. Hier befand sich früher eine Burg. ....

28. Wir waren mal Freunde. ....

29. Wo ist das Mädchen, das mal bei dir gewohnt hat? ....

30. Früher glaubten die Menschen, die Erde sei flach. ....

31. Früher trug ich meine Haare offen. Jetzt trage ich normalerweise einen Pferdeschwanz. ....

32. Wo haben Sie gearbeitet, bevor Sie hier angefangen haben? ....

33. Früher haben wir nicht per Handy miteinander gesprochen. Wir haben uns öfter getroffen. ....

34. Welche Bücher hast du als Kind gelesen? ....

18. I used to have my own company, but unfortunately it went bankrupt.

19. He doesn't live here now but he used to.

Auch in diesem Fall ist es nicht notwendig, das Verb zu wiederholen, da es in beiden Satzteilen das gleiche ist: **He doesn't live here now, but he used to ~~live here~~.**

20. Do you remember how we used to go to Berlin together?

Wir verwenden den Ausdruck häufig, wenn wir über Erinnerungen sprechen.

21. We used to order pizza by phone. Now, we use the Internet.

22. I used to earn more as a teenager than I do now.

23. That building used to be a church.

24. I'm not as good at maths as I used to be.

25. I used to study a lot. I didn't use to go out so much.

26. There used to be a restaurant here.

27. There used to be a castle here.

Beachten Sie, dass in den Sätzen 26 und 27 das Subjekt **there** ist.

28. We used to be friends.

29. Where's that girl who/that used to live with you?

30. People used to believe that the earth was flat.

31. I used to wear my hair loose. Now, I usually wear a ponytail.

32. Where did you use to work before you started working here?

33. We didn't use to talk to each other by mobile phone. We used to meet up more often.

34. What books did you use to read as a child?

New words

....

....

....

....

....

....

....

1. Ich möchte, dass du hierher kommst. ....

2. Willst du, dass ich dir helfe? ....

3. Ich möchte, dass du mir hilfst, diese Kiste zu tragen. ....

4. Willst du, dass ich ihn anrufe? ....

5. Ich will nicht, dass du ihn anrufst. ....

6. Ich möchte, dass du zu ihm gehst. ....

7. Was soll deine Tochter lernen? ....

8. Ich möchte, dass sie Ärztin wird. ....

9. Willst du nicht, dass sie ihren Beruf selbst wählt? ....

10. Wir wollen, dass sie pünktlich ankommen. ....

11. Der Chef will, dass wir jetzt zum Meeting gehen. ....

12. Oh nein! Er will immer, dass wir etwas tun. ....

13. Willst du, dass ich Kaffee mache? ....

14. Was soll ich tun? ....

15. Sie wollen, dass Adam Chef wird. ....

16. Unser Lehrer möchte, dass wir Radio auf Englisch hören. ....

17. Du wolltest, dass ich dich anrufe. Was ist los? ....

1. I want you to come here.
2. Do you want me to help you?
3. I want you to help me move that box.
4. Do you want me to call him?
5. I don't want you to call him.
6. I want you to go and see him.
7. What do you want your daughter to study?
8. I want her to be a doctor.
9. Don't you want her to choose her profession by herself?
10. We want them to arrive on time.
11. The boss wants us to go to the meeting now.
12. Oh no! He always wants us to do something.
13. Do you want me to make some coffee?
14. What do you want me to do?
15. They want Adam to be the boss.
16. Our teacher wants us to listen to the radio in English.
17. You wanted me to call you. What's up?

Das Verb **to want to do sth** kann sich auf eine einfache Tätigkeit beziehen, z. B.:
I want to go out. – *Ich möchte ausgehen.*
They want to come here. – *Sie wollen hierher kommen.*
Es kann um eine Frage oder eine Aufforderung gehen, wenn eine Person möchte, dass jemand anderes etwas tut. Dann ist der Aufbau wie folgt:
Subjekt + **want** + **me/you/him/her/it/us/you/them** + **to do something**, z. B.:
I want him to come here. – *Ich möchte, dass er hierher kommt.*
Vergleichen Sie die beiden Konstruktionen:
I want to call him. – *Ich möchte ihn anrufen.*
I want you to call him. – *Ich möchte, dass du ihn anrufst.*
Beachten Sie, dass der Unterschied im Englischen darin besteht, dass nach dem Verb ein Objekt (hier: **you**) eingefügt wird. Dann drückt der Satz einen Wunsch bzw. eine Bitte an diese Person aus.

Denken Sie daran, dass bei Berufsbezeichnungen im Englischen der unbestimmte Artikel (**a** oder **an**) verwendet wird.

Wir können Sätze mit dieser Konstruktion nicht wortwörtlich ins Deutsche übersetzen. Wir können nicht sagen:
~~Do you want that I make some coffee?~~

In der Vergangenheitsform ist die Konstruktion die gleiche, nur das Verb **to want** steht in der Vergangenheit (**wanted**). Das andere Verb (hier: **to call**) hat die Form eines Infinitivs.

18. Möchtest du, dass ich den Flug buche? ....

19. Sie wollten nicht, dass sie gewinnt. ....

20. Ich will nicht, dass du hier bist. ....

21. Ich wollte, dass er mit mir einkaufen geht, aber er wollte nicht. ....

22. Wir wollen, dass du glücklich bist. ....

23. Ich will, dass du mich heiratest. ....

24. Er will nicht, dass seine Eltern ihm sagen, was er tun soll. ....

25. Ich will, dass du weißt, dass ich Verspätung haben werde. ....

26. Soll ich dich anrufen oder dir eine Nachricht schicken? ....

27. Ich wollte nur, dass du vorsichtiger bist. ....

28. Ich will, dass sie zurückkommt. ....

29. Ich will, dass du weißt, dass du immer auf mich zählen kannst. ....

30. Wir wollen nicht, dass du traurig bist. Kopf hoch! ....

31. Ich will nicht, dass mir jemand hilft. Ich will es selbst machen. ....

32. Wann wirst du zurück sein? Willst du, dass wir mit dem Abendessen auf dich warten? ....

33. Ich wollte nicht, dass er Arzt wird. ....

34. Möchten Sie, dass ich meine Telefonnummer wiederhole? ....

18. Do you want me to book the flight?

19. They didn't want her to win.

20. I don't want you to be here.

21. I wanted him to go shopping with me, but he didn't want to.

22. We want you to be happy.

23. I want you to marry me.

24. He doesn't want his parents to tell him what to do.

25. I want you to know that I'll be late.

26. Do you want me to call you or (to) text you?

27. I just wanted you to be more careful.

28. I want her to come back.

29. I want you to know that you can always count on me.

30. We don't want you to be sad. Cheer up!

31. I don't want anybody to help me. I want to do it myself.

32. What time will you be back? Do you want us to wait for you with dinner?

33. I didn't want him to be a doctor.

34. Do you want me to repeat my phone number?

Denken Sie daran, dass Zeit- und Ortsangaben im Englischen am Ende eines Satzes stehen.

Das Verb **to marry** lässt sich nicht mit einer Präposition verbinden. Wir sagen nicht: ~~to marry with sb~~. Das Adjektiv **married** hingegen wird mit der Präposition **to** kombiniert, wenn wir sagen, mit wem jemand verheiratet ist, z. B.:
He's married to a Spanish girl. – *Er ist mit einer Spanierin verheiratet.*
She got married to him ten years ago. – *Sie hat ihn vor zehn Jahren geheiratet.*

Derselbe Wunsch kann höflicher ausgedrückt werden, indem wir einen solchen Satz mit **would like** beginnen, also:
I would like her to come back. – *Ich möchte, dass sie zurückkommt.*

New words

....

....

....

....

....

....

....

1. Sag ihm, er soll mich anrufen. ....
2. Bitte sie [Singular], hierher zu kommen. ....
3. Sag ihr, sie soll nicht kommen. ....
4. Sag ihnen, sie sollen aufhören. ....
5. Sag ihnen, sie sollen einen Moment warten. ....
6. Sag ihr, sie soll nicht zu spät kommen. ....
7. Bitte sie [Singular], etwas zu essen mitzubringen. ....
8. Bitte ihn, etwas zu trinken zu kaufen. ....
9. Erinnere sie daran, mich zurückzurufen, wenn sie fertig sind. ....
10. Bitte sie, dir die Schlüssel zu geben, bevor sie geht. ....
11. Ich erinnere sie [Plural] immer daran, ihre Hausaufgaben zu machen. ....
12. Ich sagte ihnen, sie sollen auf mich warten. ....
13. Hast du ihm gesagt, er soll dir eine Textnachricht mit seiner Adresse schicken? ....
14. Ich sagte ihm, er solle sie nicht schicken. ....
15. Ich muss sie immer dazu auffordern, ihre Zimmer sauberzumachen. ....
16. Kannst du ihnen sagen, dass sie die Rechnungen bezahlen sollen? ....
17. Kannst du sie [Plural] bitten, es aufzuschreiben? ....

1. Tell him to call me.
2. Ask her to come here.
3. Tell her not to come.
4. Tell them to stop.
5. Tell them to wait a minute.
6. Tell her not to be late.
7. Ask her to bring something to eat.
8. Ask him to buy something to drink.
9. Remind them to call me back when they are ready.
10. Ask her to give you the keys before she leaves.
11. I always remind them to do their homework.
12. I told them to wait for me.
13. Did you tell him to text you his address?
14. I told him not to send it.
15. I always have to ask them to clean their rooms.
16. Can you tell them to pay the bills?
17. Can you ask them to write it down?

Es gibt mehrere Konstruktionen, die dem Ausdruck **to want sb to do sth** ähneln. Sie drücken in einer indirekten Rede Forderungen oder Wünsche aus. Anstelle von **to want** sind hier folgende Verben zu nennen: **to tell sb to do sth** – *jdm. sagen, dass er etw. tun soll*; **to ask sb to do sth** – *jdn. bitten, etw. zu tun*; **to remind sb to do sth** – *jdn. daran erinnern, etw. zu tun*.

Denken Sie daran, in diesem Zusammenhang nicht die Konjunktion **that** zu benutzen, z. B. ~~Tell them that they go there.~~ Die richtige Form lautet: **Tell them to go there.** – *Sag ihnen, sie sollen dorthin gehen.* Die Verneinungsform bilden wir durch das Hinzufügen von **not** vor dem zweiten Verb, das im Infinitiv steht (**not to do**), z. B.: **Tell him not to shout at me.** – *Sag ihm, er soll mich nicht anschreien.*

Die Verneinung der Verben verändert die gesamte Bedeutung des Satzes:

Don't tell him to come here. – *Sagen Sie ihm nicht, dass er herkommen soll.*

Tell him not to come here. – *Sagen Sie ihm, er soll nicht herkommen.*

Nach Konjunktionen wie z. B. **when** oder **before** verwenden wir im Englischen stets das Präsens, auch wenn es um zukünftige Ereignisse oder Handlungen geht. Man kann nicht sagen: ~~when they will be ready~~.

Unabhängig von Zeitform und Person steht das zweite Verb immer im Infinitiv (hier: **to do**). Nur die Form des ersten Verbs (hier: **to tell**) ändert sich – je nachdem, ob es sich z. B. um eine Aufforderung, ein zurückliegendes Ereignis oder eine Frage handelt.

Im Englischen hört man häufig die Ausdrücke: **to text sb** – *jdm. eine Textnachricht schreiben*, **to email sb** – *jdm. eine E-Mail senden.*

Phrasal verb: to write down – *aufschreiben.* Das Pronomen **it** steht meist zwischen dem Verb und der Präposition. Wir sagen nicht: ~~write down it~~. Wenn wir ein Substantiv und kein Pronomen verwenden, sind zwei Varianten korrekt, z. B. **Take off your shoes. / Take your shoes off.** – *Zieh deine Schuhe aus.*

18. Sag ihr, wir treffen uns am Bahnhof. ....

19. Sag ihr, sie soll uns nicht stören. ....

20. Sag ihnen, sie sollen nichts mitbringen. ....

21. Sag ihr, sie soll mir mein Geld zurückgeben. ....

22. Sag ihnen, sie sollen so schnell wie möglich kommen. ....

23. Kannst du sie daran erinnern, den Anbieter zu kontaktieren? ....

24. Soll ich ihn bitten, mir zu helfen? ....

25. Du musst ihnen sagen, dass sie ruhig sein sollen. ....

26. Er bat mich, bei ihm zu bleiben. ....

27. Er wollte, dass ich ihm helfe. ....

28. - Worum hat er dich gebeten?
    - Er bat mich, ihm beim Kofferpacken zu helfen. ....

29. Er bat mich auch, ein Taxi zu rufen. ....

30. Ich bat sie [Plural], nichts anzufassen. ....

31. Ich überredete ihn, seine Meinung zu ändern. ....

32. Erwarte nicht, dass sie pünktlich sind. ....

33. Ich hätte nie erwartet, dass er so etwas macht. ....

34. Versuche, ihn davon zu überzeugen, dass er nichts unterschreibt. ....

18. Tell her to meet me at the station.

19. Tell her not to disturb us.

20. Ask them not to bring anything.

21. Tell her to give me my money back.

22. Tell them to come as soon as possible.

23. Can you remind them to contact the provider?

24. Should I ask him to help me?

25. You must tell them to be quiet.

26. He asked me to stay with him.

27. He wanted me to help him.

28. – What did he ask you to do?
– He asked me to help him pack his suitcase.

29. He also asked me to call a taxi.

30. I asked them not to touch anything.

31. I persuaded him to change his mind.

32. Don't expect them to be on time.

33. I never expected him to do something like that.

34. Try to persuade him not to sign anything.

Denken Sie daran, keine doppelte Verneinung zu verwenden. Man kann nicht sagen: ~~Ask them not to bring nothing.~~

Hier einige Beispiele für die beschriebene Konstruktion mit der Verwendung anderer Verben:

to ask sb to do sth	*jdn. bitten, etw. zu tun*
to order sb to do sth	*jdm. befehlen, etw. zu tun*
to persuade sb to do sth	*jdn. überreden, etw. zu tun*
to expect sb to do sth	*von jdm. erwarten, dass er etw. tut*
to encourage sb to do sth	*jdn. ermutigen, etw. zu tun*
to remind sb to do sth	*jdn. daran erinnern, etw. zu tun*
to allow sb to do sth	*jdm. erlauben, etw. zu tun*
to advise sb to do sth	*jdm. raten, etw. zu tun*

New words

....

....

....

....

....

....

....

1. Du musst alle deine Hausaufgaben machen. ....
2. Ich habe einen Fehler gemacht. ....
3. Wir müssen einige Änderungen vornehmen. ....
4. Wie oft machst du Hausarbeit? ....
5. Kannst du mir einen Gefallen tun? ....
6. Was soll ich tun? ....
7. Ich möchte, dass du das Abendessen vorbereitest und die Wäsche machst. ....
8. Darf ich telefonieren? ....
9. Haben Sie schon gebucht/reserviert? ....
10. Ich werde mein Bestes geben, das verspreche ich. ....
11. Wann hast du diese Übungen gemacht? ....
12. Er ist zu jung, um alleine einzukaufen. ....
13. Ich mache Geschäfte mit ihm. ....
14. Hast du schon eine Entscheidung getroffen? ....
15. Es fällt ihm schwer, Freundschaften mit anderen Kindern zu schließen. ....
16. Letztes Jahr hat er viel Geld verdient. ....
17. Letzten Monat haben wir verschiedene Marktstrategien untersucht. ....

1. You have to do all your homework.
2. I made a mistake.
3. We need to make some changes.
4. How often do you do the housework?
5. Can you do me a favour?
6. What do you want me to do?
7. I want you to make dinner and do the laundry.
8. May I make a phone call?
9. Have you made a booking/reservation yet?
10. I'll do my best, I promise.
11. When did you do these exercises?
12. He's too young to do the shopping on his own.
13. I do business with him.
14. Have you made a decision yet?
15. It's hard for him to make friends with other children.
16. Last year, he made a lot of money.
17. Last month, we did research on different market strategies.

Das Verb *machen* hat im Englischen zwei Formen: **to make** und **to do**. Die Verwendung des einen oder des anderen Verbs hängt davon ab, was genau wir machen. Prinzipiell wird **to make** eher verwendet, wenn es um das Resultat einer Tätigkeit geht, und **to do**, wenn es eher um die Aktivität selbst geht. Oftmals ist es jedoch schwierig, diese Regel zuzuordnen, sodass man eher die einzelnen Fälle betrachten muss. Zudem übersetzen wir die entsprechenden englischen Wendungen mit **to do** und **to make** im Deutschen oft mit feststehenden Ausdrücken, bei denen wir andere Verben als *machen* oder *tun* gebrauchen (z. B. **do the ironing** – *bügeln*). Nachfolgend finden Sie einige Tipps, die Ihnen helfen sollen, sich die einzelnen Fälle besser merken zu können.

Wenn wir über Arbeiten sprechen, die wir zu Hause verrichten, verwenden wir häufig das Verb **to do** (**the laundry, the dishes, the ironing, the washing-up** usw.). Eine Ausnahme ist z. B. **to make the bed**.
Geht es hingegen speziell um die Zubereitung von Speisen und Getränken, verwenden wir im Englischen meist das Verb **to make** (**dinner, breakfast, coffee, a cake, a sandwich** usw.).

Sehr gängige Ausdrücke sind:
to do one's best – *sein Bestes tun*,
to make sure – *sich vergewissern*,
to do a favour – *einen Gefallen tun*.

Wenn wir über Geld sprechen, verwenden wir oft das Verb **to make** (**a fortune, money, a profit, a loss**).

18. Vor der Party muss ich mir die Haare und Nägel machen. ....

19. Sag ihm, er soll den Abwasch machen. ....

20. Der Service war furchtbar. Soll ich mich beschweren? ....

21. Hast du schon mal einen Kuchen gebacken? ....

22. Hat dieses Unternehmen letztes Jahr Gewinn oder Verlust gemacht? ....

23. Mache ich Fortschritte? ....

24. Du solltest dir auf jeden Fall mehr Mühe geben. ....

25. Hast du schon gebügelt? ....

26. Ich denke, diesmal können wir eine Ausnahme machen. ....

27. Du hast fantastische Arbeit geleistet. ....

28. Wie lange machst du diesen Kurs schon? ....

29. Hast du jemals eine Rede in der Öffentlichkeit gehalten? ....

30. Stellen Sie sicher, dass alles für heute Abend bereit ist. ....

31. Woher kommt dieser Lärm? ....

32. Hast du schon einen Termin beim Arzt gemacht? ....

33. Haben wir diesen Monat irgendwelche Schulungen? ....

34. Ich möchte Brot backen. Welche Zutaten brauche ich? Kannst du mir beim Einkauf helfen? ....

18. Before the party, I have to do my hair and my nails.

19. Tell him to do the dishes.

20. The service was terrible. Should I make a complaint?

21. Have you ever made a cake?

22. Did this company make a profit or a loss last year?

23. Am I making progress?

24. You should definitely make more effort.

25. Have you done the ironing yet?

26. I think (that) this time we can make an exception.

27. You did a fantastic job. (then)
You've done a fantastic job. (just now)

28. How long have you been doing this course?

29. Have you ever made a speech in public?

30. Make sure (that) everything is ready for tonight.

31. What is making so much noise?

32. Have you already made an appointment with the doctor / at the doctor's?

33. Are we going to do any training courses this month?

34. I would like to make some bread. What ingredients do I need? Can you help me do the shopping?

Beachten Sie, dass es, wie bereits erwähnt, bei **to do** prinzipiell eher um die Tätigkeit selbst geht (z. B. **a job, research**), bei **to make** eher um das Ergebnis (z. B. **a cake, a profit, a list**).

DO	
homework	*Hausaufgaben machen*
housework	*Hausarbeit machen*
a favour	*einen Gefallen tun*
the laundry	*die Wäsche machen*
business	*Geschäfte machen*
research	*Forschung betreiben*
the dishes	*das Geschirr spülen*
the ironing	*bügeln*
a job	*eine Arbeit erledigen*
a course	*einen Kurs machen*

MAKE	
changes	*Änderungen vornehmen*
a sandwich	*ein Sandwich machen*
a mistake	*einen Fehler machen*
a decision	*eine Entscheidung treffen*
money	*Geld verdienen*
a cake	*einen Kuchen backen*
a profit	*einen Gewinn erzielen*
progress	*Fortschritte machen*
an effort	*sich bemühen*
an exception	*eine Ausnahme machen*

New words

....

....

....

....

....

....

1. Ich werde es beenden, wenn ich Zeit habe.
....
2. Sobald ich es fertig habe, schicke ich es dir.
....
3. Sag mir Bescheid, wenn du es herausfindest.
....
4. Ich melde mich, sobald ich es herausgefunden habe. Keine Sorge.
....
5. Wir bleiben hier, bis Jim zurückkommt.
....
6. Ruf an, wenn du dort ankommst.
....
7. Ich werde mit ihr sprechen, bevor sie geht.
....
8. Nachdem wir dort angekommen sind, essen wir zu Mittag.
....
9. Ich gehe einkaufen, wenn ich mit der Arbeit fertig bin.
....
10. Ich komme mit dir, es sei denn, ich habe ein Meeting.
....
11. Ruf mich an, sobald du diese Nachricht hörst.
....
12. Wirst du mit sechzig weiterarbeiten?
....
13. Das werde ich - es sei denn, ich gewinne im Lotto.
....
14. Ich werde dir alles kaufen, was du willst, wenn ich gewinne.
....
15. Ich gehe zum Spiel, wenn ich nicht bei den Kindern bleiben muss.
....
16. Wenn es morgen regnet, bleiben wir zu Hause und schauen uns einen Film an.
....
17. Was wirst du tun, wenn sie es nicht unterschreiben?
....

1. I will finish it if I have time.
2. As soon as I finish it, I'll send it to you.
3. Let me know when you find out.
4. I'll let you know as soon as I find out, don't worry.
5. We'll stay here until Jim comes back.
6. Call us when you get there.
7. I'll speak to her before she leaves.
8. After we get there, we'll have lunch.
9. I'll go shopping when I finish work.
10. I'll go with you unless I have a meeting.
11. Call me as soon as you hear this message.
12. Will you keep working when you are sixty?
13. I will – unless I win the lottery.
14. I will buy you anything you want if I win.
15. I'll go to the match unless I have to stay with the children.
16. If it rains tomorrow, we'll stay at home and watch a movie.
17. What will you do if they don't sign it?

Der **First Conditional**, der erste Bedingungsmodus, bezieht sich auf die Zukunft. Wenn wir diese Art von Bedingungssätzen bilden, verwenden wir im Nebensatz mit **if** das Präsens und im anderen Teil des Satzes, dem Hauptsatz, gewöhnlich das **Future Simple** (mit **will**). Die Reihenfolge der Sätze spielt dabei keine Rolle, aber es ist wichtig, dass im **if**-Satz das Präsens steht. In Satz 1 z. B. können wir die Reihenfolge ändern und sagen: **If I have time, I will finish it**, jedoch nicht ~~If I will have time ...~~
Auch Temporalsätze werden auf diese Weise gebildet, d. h. nach den Konjunktionen, die sie einleiten, verwenden wir generell das Präsens; dieses wird bei der Übersetzung ins Deutsche oft mit dem Futur übertragen. Zu diesen Konjunktionen gehören u. a.:

as soon as	*sobald*
when	*wenn*
until	*bis*
before	*bevor*
after	*nachdem*

Im Hauptsatz kann das Futur stehen (vgl. Sätze 2, 4), aber z. B. auch ein Imperativ (Satz 3). Weiteres Beispiel mit Futur: **When I come back, I'll finish it.** – *Wenn ich zurückkomme, werde ich es beenden.* Wir sagen nicht: ~~When I will come back, I'll finish it.~~

Unless bedeutet *es sei denn, wenn nicht.* Danach verwenden wir ebenfalls das Präsens, z. B.: **I'll call you unless something goes wrong.** – *Ich rufe dich an, wenn nichts schiefgeht.*

Auch hier wird im Temporalsatz (eingeleitet mit **when**) wieder das Präsens verwendet. Wir können nicht sagen: ~~Will you keep working when you will be 60?~~
Die Konstruktion **to keep** + Verb mit der Endung **-ing** bedeutet *fortfahren, etw. zu tun.*

Wenn ein Satz mit **if, when, as soon as** usw. beginnt und der Hauptsatz dahinter steht, setzen wir in der Regel nach dem ersten Teilsatz ein Komma. Wenn hingegen der Nebensatz mit **if, when, as soon as** usw. nach dem Hauptsatz steht, wird generell kein Komma gesetzt.

18. Ich werde nicht dorthin zurückkehren, wenn ich nicht muss. ....

19. Ich will alles erledigen, bevor wir ausgehen. ....

20. Wer kümmert sich um deinen Hund, wenn du weg bist? ....

21. Iss, bevor es kalt wird. ....

22. Das Spiel wird nicht anfangen, bis es (nicht) aufhört zu regnen. ....

23. Ich werde warten, bis er zurück ist / zurückkommt. ....

24. Ruf sie an, bevor du es vergisst. ....

25. Sie werden nur bezahlt, wenn Sie einen Krankenschein mitbringen. ....

26. Ich werde nicht mit ihm reden, bis er sich bei mir entschuldigt hat. ....

27. Ich melde mich, sobald wir ihn gefunden haben. ....

28. Wirst du es ihr geben, wenn du sie siehst? ....

29. Er wird ein neues Auto kaufen, wenn er genug Geld gespart hat. ....

30. Ich wäre Ihnen dankbar, wenn Sie es mir so schnell wie möglich zusenden würden. ....

31. Wann bist du zurück? Ich werde nicht zu Hause sein, wenn du zurückkommst. ....

32. Wirst du warten, bis ich zurückkomme? ....

33. Ich werde warten, bis sich etwas Wichtiges ergibt. ....

34. Ich überprüfe die Preise, bevor ich mich für einen Kauf entscheide. ....

18. I won't go back there unless I have to.
19. I want to finish everything before we go out.
20. Who will look after your dog while you are away?
21. Eat it before it gets cold.
22. The match won't start until it stops raining.
23. I'll wait until he's back / he comes back.
24. Call them before you forget.
25. You won't get sick pay unless you bring a sick note.
26. I won't speak to him until he apologizes to me.
27. I'll text you as soon as we find him.
28. Will you give it to her when you see her?
29. He'll buy a new car after/when he saves enough money.
30. I'll be grateful if you send it to me as soon as possible.
31. What time will you be back? I won't be home when you're back.
32. Will you wait until I come back?
33. I'll wait unless something important comes up.
34. I'll check the prices before I decide which one to buy.

Während im deutschen Satz nach der Konjunktion *bis* oftmals wahlweise ein positiver oder negativer Satz stehen kann (wie im Beispiel), hat das Verb im englischen Satz mit **until** entweder eine bejahende oder verneinende Form.

Der Ausdruck **to be back** bedeutet sowohl *zurückkommen* als auch *zurück sein*.

Wir können auch sagen: **You won't get sick pay if you don't bring a sick note**.

Beachten Sie, dass es **to apologize to sb** heißt. Ein häufiger Fehler besteht darin, dass die Präposition **to** weggelassen wird, z. B.: ~~He apologized me.~~ Der korrekte Satz lautet: **He apologized to me.** – *Er entschuldigte sich bei mir.* Andere Verben, bei denen bisweilen derselbe Fehler gemacht wird, bei denen also manchmal die Präposition **to** vergessen wird, sind: **to lie to sb, to explain sth to sb**. Hier ein paar Beispiele für deren Verwendung:
He lied to me. – *Er hat mich angelogen.*
He explained to me how to do it. – *Er hat mir erklärt, wie man es macht.*

New words

....

....

....

....

....

....

....

1. Wenn ich genug Geld hätte, würde ich mir ein anderes Auto zulegen. ....

2. Welches Auto würdest du kaufen, wenn du mehr Geld hättest? ....

3. Wenn sie keine Verspätung hätten, würden wir jetzt anfangen. ....

4. Ich würde ihnen helfen, wenn sie mich bezahlen würden. ....

5. Wenn sie uns einladen würden, würden wir gehen. ....

6. Ich würde ihn anrufen, wenn ich seine Nummer hätte. ....

7. Wenn ich Sie wäre, würde ich diese Schuhe nicht kaufen. Ich würde sie kaufen, wenn sie billiger wären. ....

8. Wenn wir jetzt in London wären, würden wir zu diesem Konzert gehen. ....

9. Wenn ich der Chef wäre, würde ich die Gehälter erhöhen. ....

10. Wenn Sie die Situation kennen würden, würden Sie mich verstehen. ....

11. - Wohin würdest du gehen, wenn du viel Geld und Freizeit hättest? - Ich würde nach China fliegen. ....

12. Würdest du die Chinesische Mauer besuchen, wenn du dorthin fliegen würdest? ....

13. Die Wohnung würde schöner aussehen, wenn wir die Wände grün streichen würden. ....

14. Ich würde dich mitnehmen, wenn ich könnte. ....

15. Wenn ich die Chance hätte, es noch einmal zu tun, würde ich es viel besser machen. ....

16. Wenn er jetzt nicht arbeiten müsste, würde er mit uns kommen. ....

17. Wenn wir es dem Chef sagen würden, wäre er sehr wütend. ....

1. If I had enough money, I would change my car.
2. What car would you buy if you had more money?
3. If they weren't late, we would start now.
4. I would help them if they paid me.
5. If they invited us, we would go.
6. I would call him if I had his number.
7. If I were you, I wouldn't buy these shoes. I would buy them if they were cheaper.
8. If we were in London now, we would go to that concert.
9. If I were the boss, I would increase the salaries.
10. If you knew the situation, you would understand me.
11. – Where would you go if you had a lot of money and free time? – I would fly to China.
12. Would you visit the Great Wall of China if you flew there?
13. The flat would look nicer if we painted the walls green.
14. I would take you with me if I could.
15. If I had a chance to do it again, I'd do it much better.
16. If he didn't have to work now, he would join us.
17. If we told the boss, he would be very angry.

Second Conditionals beziehen sich generell auf die Gegenwart. Wir verwenden diese Art von Bedingungssätzen für hypothetische Situationen (*Was würde passieren, wenn ...*). Der **if**-Satz steht in der Vergangenheit, während wir im anderen Teil des Satzes das Verb mit vorangestelltem **would** verwenden (alternativ können es auch die Formen **could** oder **might** sein), z. B.: **If I had a dog, I would be happy.** – *Wenn ich einen Hund hätte, wäre ich glücklich.* (Ich habe keinen Hund, und mit diesem Modus drücke ich eine hypothetische Situation aus). Das zu den Verben hinzugefügte **would** drückt einen Konjunktiv aus, z. B.: **I would eat** – *ich würde essen*, **I would go** – *ich würde gehen*, **it would be** – *es wäre*. Die Reihenfolge der Sätze ist auch in diesem zweiten Bedingungsmodus prinzipiell irrelevant. Wichtig ist hingegen, dass im **if**-Satz die Vergangenheitsform verwendet werden muss. Bei umgekehrter Reihenfolge lautet Satz 1 wie folgt: **I would change my car if I had enough money**.

Wenn wir nach **if** das Verb **to be** in der Vergangenheit verwenden, kann hier für jede Person die Form **were** gebraucht werden. Wir sagen also: **if I were, if he were, if it were** usw. Für die 1. und 3. Person kann auch **was** verwendet werden, **were** ist jedoch wesentlich gebräuchlicher: **If I were in London ...** – *Wenn ich in London wäre ...*

In Fragen mit **would** lautet die Reihenfolge von Subjekt und Prädikat wie folgt: **auxiliary verb (would) + subject + verb.** **Would** hat für alle Personen die gleiche Form, z. B.: **Would you be happy if I bought you a dog?** – *Würdest du dich freuen, wenn ich dir einen Hund kaufen würde?*

Die Form **would** kann verkürzt werden zu **'d**: **I would – I'd, you would – you'd** usw.

18. Wenn ich der Chef wäre, würde ich es anders machen. ....

19. Was würdest du tun, wenn du ein Problem mit deinem Computer hättest? ....

20. Ich würde einen Freund bitten, mir zu helfen, oder ich würde versuchen, es selbst zu reparieren. ....

21. Es wäre toll, wenn du uns besuchen könntest. ....

22. Wenn sie nicht krank wäre, wäre sie jetzt hier. ....

23. Wenn ich du wäre, würde ich sofort zum Arzt gehen. ....

24. Wenn ich mehr Freizeit hätte, würde ich mehr lernen. ....

25. Ich würde mich freuen, wenn Sie es mir so schnell wie möglich zusenden könnten. ....

26. Ich würde es sehr schätzen, wenn Sie es rechtzeitig beenden könnten. ....

27. Wenn ich reich wäre, würde ich mehr reisen. ....

28. Wenn du blondes Haar hättest, würdest du besser aussehen. ....

29. Wir würden spazieren gehen, wenn das Wetter besser wäre. ....

30. Wenn wir ein Auto hätten, bräuchten wir nur zehn Minuten, um dorthin zu kommen. ....

31. Es wäre besser, wenn du dich nicht so beklagen würdest. ....

32. Wenn wir hier mehr Platz hätten, würden wir ein weiteres Bücherregal kaufen. ....

33. Wenn ich wüsste, wie es geht, würde ich es Ihnen sagen. ....

34. Was würden Sie tun, wenn Sie Ihren Job verlieren würden? ....

18. If I were the boss, I'd do it differently.

19. What would you do if you had a problem with your computer?

20. I'd ask a friend to help me, or I would try to repair/fix it myself.

21. It would be great if you could visit us.

22. If she weren't ill, she'd be here now.

23. If I were you, I would go to the doctor right away.

24. If I had more free time, I'd study more.

25. I would appreciate it if you could send it to me as soon as possible.

26. I'd appreciate it a lot if you could finish it on time.

27. If I were rich, I'd travel more.

28. If you had blonde hair, you'd look better.

29. We would go out for a walk if the weather were better.

30. If we had a car, it would only take us ten minutes to get there.

31. It would be better if you didn't complain so much.

32. If we had more space here, we would buy another bookcase.

33. If I knew how to do it, I would tell you.

34. What would you do if you lost your job?

Zur Erinnerung: Im **Second Conditional** kann die Form **were** für alle Personen verwendet werden.

Anstelle von **would** können auch andere Modalverben im Hauptsatz stehen, wie etwa **could** oder **might**:
If I had more time, I could study more. – *Wenn ich mehr Zeit hätte, könnte ich mehr lernen.*

Das Verb **to appreciate**, d. h. *schätzen*, wird oft als Höflichkeitsform verwendet, wenn wir jemanden um etwas bitten, z. B. in E-Mails. Dieses Verb erfordert eine Ergänzung mit **it**, wir sagen also: **I'd appreciate it if you ...** Alternative Formulierung: **I'd be grateful if you ...** – *Ich wäre Ihnen dankbar, wenn Sie ...*

New words

....

....

....

....

....

....

....

UNIT 21 *Get* – expressions

1. Was ist der beste Weg, um reich zu werden? ....

2. Ich werde müde, also lass uns nach Hause gehen. ....

3. Du wirst fett, wenn du nur Fast Food isst. ....

4. Komm schnell! Der Kaffee wird kalt. ....

5. Es ist April, aber es wird schon heiß. ....

6. Es wird dunkel. Wir sollten jetzt gehen. ....

7. Wir sollten es beenden, bevor er wütend wird. ....

8. Mir wird schnell langweilig. ....

9. Ich bekomme Hunger. Gibt es hier in der Nähe ein gutes Restaurant? ....

10. Sie haben sich im Februar verlobt, und im August haben sie geheiratet. ....

11. Ich habe mich nie betrunken. ....

12. Hast du dich schon mal in deiner Stadt verlaufen? ....

13. Wie lange haben Sie gebraucht, um sich an diese Arbeit zu gewöhnen? ....

14. Ich werde diese Stelle aufgeben, wenn ich nicht befördert werde. ....

15. Ich wurde so nervös, dass ich nicht sprechen konnte. ....

16. Weiße Autos werden sehr leicht schmutzig. ....

17. Es regnete und ich wurde komplett nass. ....

1. What's the best way to get rich?
2. I'm getting tired, so let's go home.
3. You will get fat if you only eat fast food.
4. Come quickly! The coffee is getting cold.
5. It's April, but it's already getting hot.
6. It's getting dark. We should go now.
7. We should finish it before he gets angry.
8. I get bored easily.
9. I'm getting hungry. Is there a good restaurant near here?
10. They got engaged in February and married in August.
11. I have never got drunk.
12. Have you ever got lost in your town?
13. How long did it take you to get used to this job?
14. I'll leave this job unless I get promoted.
15. I got so nervous that I couldn't speak.
16. White cars get dirty very easily.
17. It was pouring with rain, and I got completely wet.

Das Verb **to get** wird oft in Verbindung mit Adjektiven oder dem Partizip der Vergangenheit (3. Form eines Verbs, z. B. **lost**) verwendet. Durch diese Kombinationen entstehen Verben, die bedeutungsmäßig meist mit dem Adjektiv oder der Grundform des Verbs verwandt sind. Hier ein paar Beispiele: **tired** – *müde*, **to get tired** – *müde werden*; **rich** – *reich*, **to get rich** – *reich werden*; **cold** – *kalt*, **to get cold** – *sich unterkühlen*. Hier eine Liste der gängigsten Kollokationen:

to get fat	*dick werden*
to get hot	*heiß werden*
to get dark	*dunkel werden*
to get angry	*wütend werden*
to get dressed	*sich anziehen*
to get hungry	*hungrig werden*
to get drunk	*sich betrinken*
to get used to	*sich gewöhnen an*
to get promoted	*befördert werden*
to get dirty	*schmutzig werden*
to get wet	*nass werden*
to get old	*alt werden*
to get ready	*sich vorbereiten*
to get better	*besser werden*
to get worse	*schlimmer werden*

Hier einige Beispiele für die Verwendung der Verben **to be** und **to get** in Kombination mit Partizipien der Vergangenheit:

to be lost	*sich verirrt haben*
to get lost	*sich verirren*
to be married	*verheiratet sein*
to get married	*heiraten*

Der Ausdruck **to be used to sth** bedeutet *an etw. gewöhnt sein*, **to get used to** hingegen heißt *sich an etw. gewöhnen*. Verwechseln Sie diese Formen nicht mit der Konstruktion **used to**, die zur Beschreibung von einstigen Gewohnheiten verwendet wird (siehe Kapitel 15).

18. Ich werde extrem nervös, wenn ich Prüfungen habe.
 ....
19. Wir werden alt.
 ....
20. Bist du jemals in einen Kampf verwickelt worden?
 ....
21. Wie lange brauchst du, um dich morgens anzuziehen?
 ....
22. Wie lange dauert es, bis du fertig zum Ausgehen ist?
 ....
23. Die Situation wird immer schlimmer.
 ....
24. Wann wird die wirtschaftliche Situation besser werden?
 ....
25. Es wird immer heißer.
 ....
26. Die Diskussion wird immer interessanter.
 ....
27. Er wird wütend werden, wenn er es herausfindet.
 ....
28. Ich muss mich an das Wetter gewöhnen.
 ....
29. Es wird jetzt besser.
 ....
30. Ich war verwirrt und drehte mich nach rechts statt nach links.
 ....
31. Ich mache mich bereit. Ich bin in zehn Minuten fertig.
 ....
32. Jedes Mal, wenn ich mit ihm sprechen möchte, wird er wütend. Ich glaube, er wird alt.
 ....
33. Es wird spät. Lass uns schlafen gehen.
 ....
34. Kinder, kommt in die Küche. Das Abendessen wird kalt.
 ....

18. I get extremely nervous when I have exams.

19. We're getting old.

20. Have you ever got involved in a fight?

21. How long does it take you to get dressed in the morning?

22. How long does it take you to get ready to go out?

23. The situation is getting worse.

24. When will the economic situation get better?

25. It's getting hotter and hotter.

26. The discussion is getting more and more interesting.

27. He'll get mad when he finds out.

28. I have to get used to the weather.

29. It's getting better now.

30. I got confused and I turned right instead of left.

31. I'm getting ready. I'll be ready in ten minutes.

32. Every time I want to talk to him, he gets angry. I think (that) he's getting old.

33. It's getting late. Let's go to sleep.

34. Children, come to the kitchen. Dinner is getting cold.

Der Ausdruck **to be involved in sth** bedeutet *mit etw. zu tun haben*, und **to get involved in sth** heißt *sich auf etw. einlassen*. Die dritte Form des Verbs **to get to** lautet **got** (im britischen Englisch) bzw. **gotten** (häufiger im amerikanischen Englisch verwendet).

Nach kurzem, betontem Vokal am Wortende wird, unter anderem bei Bildung der **-ing**-Form, z. B. bei folgenden Verben der letzte Konsonant verdoppelt: **set - setting, get - getting**.

Das Adjektiv kann in diesen Kombinationen auch gesteigert werden (Komparativ): **to get better** – *besser werden, sich verbessern*, **to get worse** – *schlechter werden, sich verschlechtern*.

Um eine allmähliche Veränderung (*immer mehr*) auszudrücken, verwenden wir die Konjunktion **and** mit dem gesteigerten Adjektiv wie folgt:

- bei kürzeren Adjektiven mit deren verdoppeltem Komparativ: **bigger and bigger** – *immer größer*, **taller and taller** – *immer höher*;
- bei längeren Adjektiven, die auch sonst mit **more** gesteigert werden, wird das Wort **more** verdoppelt:

more and more beautiful – *immer schöner*, **more and more original** – *immer origineller*.

Beachten Sie, dass das Verb **to get** einen Prozess beschreibt, das Verb **to be** hingegen einen Zustand: **I'm getting ready.** – *Ich bereite mich vor.* **I'm ready.** – *Ich bin bereit.*

New words

....

....

....

....

....

....

....

1. Wir sind uns alle einig. ....

2. Sie sind alle anderer Meinung. / Sie sind sich alle nicht einig. ....

3. Keiner von uns ist dorthin gegangen. ....

4. Wir hatten beide Spaß. ....

5. Keiner von uns hat ein Auto. ....

6. Sie haben zwei Autos. Beide sind blau. Keines davon ist ein japanisches. ....

7. Sie haben drei Autos. Sie sind alle teuer. Keines davon ist rot. ....

8. Keiner von uns hat die Prüfung bestanden. ....

9. Wir sind beide müde. ....

10. Keiner meiner Freunde hat mir geholfen. ....

11. Beide Restaurants sind gut. Keines von ihnen ist teuer. ....

12. Ich würde entweder nach New York oder nach Los Angeles gehen. ....

13. Weder Tim noch Jim mögen Fußball. Beide bevorzugen Handball. ....

14. Ich würde weder Chinesisch noch Arabisch lernen. Sie sind zu schwierig. ....

15. Er ist entweder Italiener oder Spanier. ....

16. Mir gefallen beide Shirts. Ich könnte eines der beiden kaufen. ....

17. – Welchen Song von dieser CD soll ich auflegen, den ersten oder den zweiten?
   – Beide sind gut. Mir gefallen beide. ....

1. All of us agree. / We all agree.
2. All of them disagree. / They all disagree.
3. None of us went there.
4. Both of us had fun. / We both had fun.
5. Neither of us has/have a car.
6. They have two cars. Both of them are blue. Neither of them is Japanese.
7. They have three cars. All of them are expensive. None of them is red.
8. Neither of us passed the exam.
9. Both of us are tired. / We're both tired.
10. None of my friends helped me.
11. Both restaurants are good. Neither of them is expensive.
12. I'd either like to go to New York or to Los Angeles.
13. Neither Tim nor Jim likes/like football. Both of them prefer handball.
14. I wouldn't study either Chinese or Arabic. / I would study neither Chinese nor Arabic. They're too difficult.
15. He's either Italian or Spanish.
16. I like both shirts. I could buy either of them.
17. - Which song from this CD should I put on, the first one or the second one?
   - Either will be fine. I like both of them.

All (*alle*) und **none** (*keine[r, s]*) werden verwendet, wenn auf mehr als zwei Personen Bezug genommen wird. **Both** (*beide*) und **neither** (*keine[r, s]*) verwenden wir, wenn wir uns nur auf zwei Personen beziehen.
All und **both** können in Bezug auf die Konstruktion auf zwei Arten verwendet werden, wie in den Sätzen 2 und 4: **we all** – *wir alle* oder **all of us** – *wir alle*, **we both** – *wir beide* oder **both of us** – *wir beide*. **Neither** und **none** haben jeweils nur eine Form: **neither of us** – *keiner von uns* (wenn es sich um zwei Personen handelt) und **none of us** – *keiner von uns* (wenn es sich um mehr als zwei Personen handelt).

In der eher formelleren Standardsprache wird das Verb oft in der Form der 3. Pers. Sg. (hier: **has**) verwendet, in der Alltagssprache ist auch die Form **have** gebräuchlich.

Mit **both** und **all** verwenden wir die Verbformen **have, are** usw. Mit **neither** und **none** wird das Verb normalerweise in der 3. Pers. Sg. (hier: **is**) verwendet, aber auch die Formen **are, have** usw. sind hier möglich.

Bei der Verwendung von **neither** oder **none** muss also der Kontext beachtet werden. Im Deutschen werden hier generell die gleichen Formulierungen verwendet – egal, ob wir uns auf zwei oder mehr Personen beziehen. Daher müssen wir bei einem Ausdruck wie z. B. **neither of my friends** darauf achten, dass sich dieser im Englischen nur auf zwei Personen bezieht.

Either ... or ... bedeutet *entweder ... oder ...*, **neither ... nor ...** bedeutet *weder ... noch ...*
Normalerweise ordnen wir das Verb dem zweiten Substantiv des Ausdrucks zu, z. B.:
Neither Tim nor Jim likes ...
Neither Tim nor my parents like ...
In der Alltagssprache würde man hier häufig die Form **like** hören, auch wenn das zweite Substantiv die 3. Pers. Pl. erfordern würde.

Either (das mit der Präposition **of** und dem Pronomen, das sich auf das zuvor im Satz genannte Substantiv bezieht, kombiniert werden kann) bedeutet *eines (der beiden)*.

18. – Wie viele Berichte haben Sie bisher fertiggestellt?
    – Bisher keinen. ....

19. – Wie viele Bücher hast du letztes Jahr gelesen?
    – Keines. ....

20. – Wie viele Studenten haben die Prüfung bestanden?
    – Keiner. Keiner der Schüler hat bestanden. Alle sind durchgefallen. ....

21. – Hast du Milch in meinen Kaffee getan?
    – Nein. ....

22. Ich mag beide Kleider. Ich mag beide. ....

23. Welches Kleid soll ich nehmen, das blaue oder das rote? ....

24. Ich würde keines von beiden kaufen. Sie sind beide hässlich. ....

25. Weder Jim noch Kate haben mir geholfen. ....

26. Ich werde von dem Geld entweder einen neuen Laptop oder eine Kamera kaufen. ....

27. Es gibt hier drei Drucker, von denen jedoch keiner funktioniert. ....

28. Sowohl seine Schwester als auch sein Bruder werden dort sein. ....

29. Keine dieser beiden Antworten ist richtig. ....

30. Ich habe ein paar Bücher. Die meisten von ihnen sind alt, aber einige von ihnen sind neu. ....

31. Die meisten Menschen essen gesund, aber manche kümmern sich nicht darum. ....

32. Die Gäste aßen den Großteil des Essens, das auf dem Tisch war. ....

33. Ich habe die meisten Fragen richtig beantwortet, aber einige davon waren schwierig. Keine von ihnen war einfach. ....

34. Ich habe den Großteil der Nacht nicht geschlafen. ....

18. - How many reports have you finished so far?
- So far, none. / None so far.

19. - How many books did you read last year?
- None.

20. - How many students passed the exam?
- None. None of the students passed. All of them failed.

21. - Have you put any milk in my coffee?
- No, none.

22. I like both dresses. I like both (of them).

23. Which dress should I pick, the blue one or the red one?

24. I would buy neither of them. / I wouldn't buy either of them. They're both ugly.

25. Neither Jim nor Kate helped me.

26. I'm either going to buy a new laptop or a camera with the money.

27. There are three printers here, but none of them work.

28. Both his sister and his brother will be there.

29. Neither of these two answers is correct.

30. I have some books. Most of them are old, but some of them are new.

31. Most people eat healthy food, but some don't care about it.

32. The guests ate most of the food that was on the table.

33. I answered most questions correctly, but some of them were tricky. None of them was/were easy.

34. I didn't sleep most of the night.

In solchen Kurzantworten verwenden wir **none**. Dieses Pronomen ersetzt ein Substantiv und kann eine Antwort auf Fragen sein, die mit **How much ...?** oder **How many ...?** beginnen, z. B.: **How much money did you spend?** – *Wie viel Geld hast du ausgegeben?* **None.** – *Kein(e)s* (nicht: ~~None money.~~) Wir können auch **no** verwenden, das dann jedoch mit einem Substantiv kombiniert wird: **no money** – *kein Geld.* Wenn die Frage mit **Who ...?** oder **What ...?** beginnt, verwenden wir **none, no one** oder **nothing**, je nachdem, ob nach einer Person oder einer Sache gefragt wird, z. B.: **Who came to see you?** – *Wer hat dich besucht?* – **No one.** – *Niemand.* **What did you say?** – *Was hast du gesagt?* **Nothing.** – *Nichts.*

Wenn **both** mit einem unbestimmten Substantiv kombiniert wird, verwenden wir entweder die Konstruktion **both of** + Pronomen (**both of them**) oder **both** optional mit **of** vor dem Substantiv, welches dann jedoch näher bestimmt werden muss: **both (of) these/my dresses** (nicht: ~~both of dresses~~).

Most bedeutet *die meisten*. Das Wort kann mit einem Substantiv kombiniert werden, z. B. **most people** – *die meisten Menschen*, wenn dies im allgemeinen Sinne gemeint ist und wir uns nicht auf eine bestimmte Gruppe beziehen. Mit Bezug auf eine konkrete Gruppe verwenden wir die Präposition **of**, z. B.: **most of the people who live here** – *die meisten der Menschen, die hier leben*; **most of these/those people** – *die meisten dieser Menschen.*

New words

....

....

....

....

....

....

....

1. Er brachte mich zum Weinen.
2. Macht er dich wütend?
3. Dieser Geruch macht mich hungrig.
4. Diese Entscheidung machte sie [Pl.] berühmt.
5. Dieser Schauspieler bringt mich wirklich zum Lachen.
6. Was macht dich glücklich?
7. Ich werde dich glücklich machen, ich verspreche es.
8. Warum hast du das gedacht?
9. Dieses Kleid lässt mich dick aussehen.
10. Wie kann ich meine Augen größer aussehen lassen?
11. Wie kann ich diese Datei kleiner machen?
12. Die Leute sagen, dass Computer das Leben leichter gemacht haben.
13. Seine Entscheidung brachte mich zum Nachdenken.
14. Er ließ sie [Sg.] ihre Probleme vergessen.
15. Wenn Sie tun, was wir Ihnen sagen, machen wir Sie reich und berühmt.
16. Diese Ansicht machte mich sehr traurig.
17. Meine Freunde machen mich glücklich.

1. He made me cry.
2. Does he make you angry?
3. This smell makes me hungry.
4. That decision made them famous.
5. This actor really makes me laugh.
6. What makes you happy?
7. I'll make you happy, I promise.
8. What made you think that?
9. This dress makes me look fat.
10. How can I make my eyes look bigger?
11. How can I make this file smaller?
12. People say that computers have made life easier.
13. His decision made me think.
14. He made her forget about her problems.
15. If you do what we tell you, we'll make you rich and famous.
16. That view made me very sad.
17. My friends make me happy.

Wir benutzen das Verb **to make**, wenn wir sagen wollen, dass jemand (oder etwas) die Ursache für etwas ist oder damit zu tun hat. Verwendungsmöglichkeiten:

- mit einem Adjektiv, z. B.: **to make sb happy** – *jdn. glücklich machen;*
- mit einem Verb, z. B.: **to make sb laugh** – *jdn. zum Lachen bringen.*

Die Konstruktion ist wie folgt: **to make + object** (Objekt/Ergänzung) **+ verb/ adjective**.
Beispiel: **He made me cry.** – *Er brachte mich zum Weinen.*

(zu 8.) Auch hier lautet die Konstruktion: **to make sb do sth**. Wir können nicht sagen: ~~What made that you thought that?~~

(zu 12.) In diesem Satz verwenden wir das **Present Perfect**, weil wir über etwas sprechen, das augenscheinliche Folgen auf die Gegenwart hat.

18. Ich werde dir das Leben nicht schwer machen, mach dir keine Sorgen. ....

19. Es gibt mir ein besseres Gefühl. ....

20. Was bringt dich zum Lachen? ....

21. Was bringt dich zum Weinen? ....

22. Was kann ich tun, um dich jetzt zum Lächeln zu bringen? ....

23. Der Sänger brachte alle Zuschauer zum Singen. ....

24. Hat die moderne Technik das Leben erschwert? ....

25. Sie können es einfacher machen, wenn Sie den Prozess automatisieren. ....

26. Das wird uns größer machen. ....

27. Das wird unser Unternehmen zum größten auf dem Markt machen. ....

28. Bring mich nicht zum Lachen. ....

29. Was hat dich dazu bewogen, das zu tun? ....

30. Sie machten ihre Entscheidung öffentlich. ....

31. Mein Lehrer ließ mich die Prüfung erneut ablegen. ....

32. Du kannst mich nicht dazu zwingen, hier zu bleiben. ....

33. Diese Erfahrung hat mich zu einem besseren Menschen gemacht. ....

34. Wie kann ich den Kuchen dazu bringen aufzugehen? Müsste ich mehr Backpulver hinzufügen? ....

18. I won't make your life difficult, don't worry.

19. It makes me feel better.

20. What makes you laugh?

21. What makes you cry?

Hier finden Sie einige Beispiele für Fragen, die mithilfe dieser Konstruktion gebildet werden. Solche Fragen beginnen meist mit **who/what**, mit denen nach dem Subjekt gefragt wird. Eine Formulierung mit einem Hilfverb wie **do/does** ist hier nicht notwendig, wir fragen also nicht: ~~What does make you laugh?~~ Eine detaillierte Beschreibung dieser Art von Fragen finden Sie in Kapitel 32.

22. What can I do to make you smile now?

23. The singer made all the audience sing.

24. Has modern technology made life more difficult?

25. You can make it easier if you make the process automatic.

26. This will make us bigger.

27. This will make our company the biggest on the market.

Das Adjektiv, das in dieser Konstruktion verwendet wird, kann auch gesteigert werden.

28. Don't make me laugh.

29. What made you do it?

30. They made their decision public.

31. My teacher made me sit the exam again.

Je nach Kontext kann die Konstruktion **to make sb do sth** auch die Bedeutung *jdn. zwingen, etw. zu tun* haben, z. B.: **They made me sign the agreement.** – *Sie zwangen mich, die Vereinbarung zu unterzeichnen.*

32. You can't make me stay here.

33. That experience made me a better person.

34. How can I make the cake rise? Should I add more baking powder?

New words

....

....

....

....

....

....

....

1. Welches Kleid gefällt Ihnen? Welches möchten Sie anprobieren? ....
2. Ich werde dieses und vielleicht auch das da anprobieren. ....
3. Ich möchte auch eine Brille anprobieren. Vielleicht diese da? ....
4. Meinen Sie diese? ....
5. Nein, die mit dem braunen Rahmen. Und die weiße auch. ....
6. - Welchen Mantel soll ich kaufen? - Ich finde, der blaue steht dir besser. ....
7. - In welchem Hotel übernachten wir? - In dem neben dem Strand. ....
8. - Wo ist die Schere? Die kleine. - Meinst du die blaue? ....
9. - Die Tür war nicht verschlossen. - Welche? Die vordere? ....
10. Ich weiß nicht, welches Spiel ich wählen soll. Dieses scheint zu einfach und das über die Geschichte ist zu schwierig. ....
11. Entschuldigung, dieser Löffel ist schmutzig. Können Sie mir einen neuen bringen? ....
12. Können Sie mir Ihr Ladegerät leihen? Das, was ich habe, ist kaputt. ....
13. Können Sie mir noch einen Teller bringen? Der, den Sie mir gebracht haben, ist nass. ....
14. Können Sie mir die Taschentücher geben? Die, die neben Ihnen sind. ....
15. Ich habe die Seiten 1 bis 20 überprüft. Sind das auch die, die du überprüft hast? Auf keinen Fall! ....
16. Ich habe eine Zeitung gekauft. Ist es diejenige, die ich für dich kaufen sollte? ....
17. Kannst du das Gemälde sehen? Ist es nicht das, was wir neulich im Museum gesehen haben? ....

1. Which dress do you like? Which one would you like to try on?
2. I'll try on this one and maybe that one, too.
3. I would like to try on some glasses, too. Maybe those ones?
4. Do you mean these ones?
5. No, the ones with brown frames. And the white ones, too.
6. - Which coat should I buy? - I think the blue one suits you better.
7. - Which hotel will we stay in? - In the one next to the beach.
8. - Where are the scissors? The small ones. - Do you mean the blue ones?
9. - The door wasn't locked. - Which one? The front one?
10. I don't know which game to choose. This one seems too easy and the one about history is too difficult.
11. Excuse me, this spoon is dirty. Can you bring me a new one?
12. Can you lend me your charger? The one (that) I have is broken.
13. Can you bring me another plate? The one (that) you brought me is wet.
14. Can you pass me the tissues? The ones which/that are next to you.
15. I checked pages from 1 to 20. Are they the ones (that) you checked, too? No way!
16. I bought a newspaper. Is it the one (that) you wanted me to buy?
17. Can you see that painting? Isn't it the one (that) we saw in the museum the other day?

Das Pronomen **one** wird anstelle eines im Singular stehenden Substantivs verwendet, von dem zuvor die Rede war, um dessen Wiederholung zu vermeiden. Dasselbe gilt analog für **ones** im Plural. Diese Pronomen können z. B. in Fragen mit **which** vorkommen: **which one?** – *welche(r, s)?*, **which ones?** – *welche?*
Sie werden oft zusammen mit Demonstrativpronomen verwendet: **this one** – *dieses*, **that one** – *jenes*, **these ones** – *diese*, **those ones** – *jene*.
Wenn wir eine Beschreibung einer Sache, über die wir sprechen, hinzufügen, verwenden wir keine Demonstrativpronomen (**this**, **that** usw.), sondern den Artikel **the**, z. B.: **the one with a ruby** – *der mit dem Rubin* (nicht: ~~this one with a ruby~~), **the one on the table** – *der auf dem Tisch*.
Wenn die Beschreibung ein Adjektiv enthält, wird dieses vor das Pronomen gestellt, z. B.: **the brown one** – *der/die/das braune*, **the big one** – *der/die/das große*.
Das Adjektiv kann auch gesteigert werden: **the better one** – *der/die/das bessere*, **the best one** – *der/die/das beste*.

Die Sache oder Person, von der die Rede ist, kann auch in einem (Teil-)Satz beschrieben werden, z. B. wie hier in einem Relativsatz mit dem Relativpronomen **which** oder **that**, z. B. **the one which/that is on the table** – *der(jenige), der auf dem Tisch liegt*.
Wenn nach **the one / the ones** nicht das Verb, sondern ein anderes Subjekt steht (in Satz 13: **you**), kann das Relativpronomen **that/which** gesetzt werden oder entfallen: **I would like to buy a new car. The one (that/ which) I have is too old.** – *Ich möchte ein neues Auto kaufen. Das(jenige), das ich habe, ist zu alt.*

18. Danke, dass du das Poster mitgebracht hast, aber wir brauchen ein größeres und bunteres. ....

19. Die Fotos, die wir haben, sind nicht perfekt. Wir brauchen ein paar bessere. ....

20. Diese Bücher sehen ziemlich gebraucht aus. Haben Sie keine Neueren? ....

21. - Wer ist der Mann? - Welcher? Der mit dem dunklen Haar? - Nein, der andere. ....

22. - Hast du diese Rezepte ausprobiert?
    - Welche? Die, die du mir gegeben hast?
    - Nein, die anderen, die von Ann. ....

23. Mir gefällt dieser Laptop nicht. Ich werde den anderen kaufen. ....

24. Mir gefällt keiner dieser Anzüge. Der eine ist zu teuer und der andere ist zu dunkel. ....

25. Ich liebe diese Muffins. Ich denke, ich werde mir noch einen nehmen. ....

26. Dieses Passwort wurde bereits vergeben. Wählen Sie ein anderes. ....

27. Ich möchte keinen Schokoriegel. Ich hatte schon einen. ....

28. Ich würde dir einen Bleistift leihen, wenn ich einen hätte. ....

29. Hast du Hunger? Ich habe gerade Pfannkuchen gemacht. Möchtest du einen? ....

30. - Gibt es hier in der Nähe ein Schuhgeschäft?
    - Früher gab es eins, aber es wurde geschlossen. ....

31. Falls Sie einen Geldautomaten suchen, um die Ecke gibt es einen. ....

32. Man sollte immer man selbst sein. ....

33. Man könnte meinen, dass es sehr einfach ist. In Wirklichkeit ist es schwieriger, als es scheint. ....

34. Man sollte für seine Fehler die Verantwortung tragen. ....

18. Thank you for bringing the poster, but we need a bigger one, and a more colourful one.

19. The photos (that) we have aren't perfect. We need some better ones.

20. These books look quite used. Don't you have any newer ones?

21. – Who is that man? – Which one? The one with dark hair? – No, the other one.

22. – Have you tried those recipes?
– Which ones? The ones (that) you gave me?
– No, the other ones, the ones from Ann.

23. I don't like this laptop. I will buy the other one.

24. I don't like either of these suits. One is too expensive, and the other one is too dark.

25. I love these muffins. I think I'll have another one.

26. This password has already been taken. Choose another one.

27. I don't want a chocolate bar. I've already had one.

28. I would lend you a pencil if I had one.

29. Are you hungry? I've just made pancakes. Would you like one?

30. – Is there a shoe shop near here?
– There used to be one, but they closed it down.

31. If you're looking for a cashpoint, there's one round the corner.

32. One should always be oneself.

33. One would think (that) it's very easy. In reality, it's more difficult than it seems.

34. One should be responsible for one's mistakes.

Wir können der Kombination Adjektiv + **one** auch einen unbestimmten Artikel voranstellen, z. B. **a smaller one** – *ein(e) kleinere(r, s).* Im Plural verwenden wir die Konstruktion: **some** + Adjektiv + **ones**, z. B.: **I need some bigger ones.** – *Ich brauche (ein paar) größere.*

Die Pronomen **one** und **ones** treten oft in Kombination mit **other** auf: **the other one/ ones**. Wir verwenden die Kombination **the other one**, wenn wir uns auf zwei Personen oder Dinge aus derselben Gruppe oder Kategorie beziehen und das jeweils andere nennen.

Wenn wir uns auf eine Sache von mehreren (mindestens drei) beziehen, sagen wir **another one** – *ein(e) andere(r, s).*

One bezieht sich auf eines der Dinge aus der Kategorie, über die wir sprechen, z. B.: **I don't have a car, but I'm going to buy one soon.** – *Ich habe kein Auto, aber ich werde mir bald ein(e)s kaufen.*

Das Pronomen **one** wird auch in der Bedeutung von *man* verwendet, d. h. wenn wir uns nicht auf eine bestimmte Person beziehen, sondern im Allgemeinen sprechen, z. B.: **One should not talk on the phone while driving.** – *Man sollte während der Fahrt nicht telefonieren.* Das dazugehörige Reflexivpronomen ist **oneself**, das Possessivpronomen lautet **one's**.

New words

....

....

....

....

....

....

....

1. Diese Produkte werden online verkauft. ....
2. In diesem Geschäft werden sie nicht verkauft. ....
3. Dieses Programm wird jeden Monat überprüft. ....
4. Dieses Buch wurde vor hundert Jahren geschrieben. ....
5. Diese Spielzeuge wurden in China hergestellt. Sie wurden nicht hier produziert. ....
6. Diese Kirche wurde nicht im 16. Jahrhundert erbaut. Sie wurde im 17. Jahrhundert erbaut. ....
7. Ihre Bestellung wurde gestern versendet. Sie sollten sie in zwei Tagen erhalten. ....
8. Die Fenster in dieser Wohnung wurden vor drei Jahren gestrichen. ....
9. Das Programm wurde überprüft. Es sollte jetzt gut funktionieren. ....
10. Sämtliche E-Mails wurden versendet. ....
11. Ihre Bestellung wurde noch nicht versendet. ....
12. Die Fenster wurden noch nicht gestrichen. ....
13. Diese Bank wurde gerade gestrichen. Setzen Sie sich nicht dorthin. ....
14. Ich glaube, das Einkaufszentrum wird nächsten Monat eröffnet. ....
15. Der Film wird im nächsten Jahr fertiggestellt. ....
16. Hier wird eine neue Straße gebaut. Dann wird es nicht mehr so viel Verkehr geben. ....
17. Es wird morgen erledigt sein, versprochen. ....

1. These products are sold online.
2. They are not sold in this shop.
3. This programme is checked every month.
4. This book was written a hundred years ago.
5. These toys were made in China. They weren't made here.
6. This church wasn't built in the 16th century. It was built in the 17th century.
7. Your order was sent yesterday. You should get it in two days.
8. The windows in this flat were painted three years ago.
9. The programme has been checked. It should work fine now.
10. All the e-mails have been sent.
11. Your order hasn't been sent yet.
12. The windows haven't been painted yet.
13. That bench has just been painted. Don't sit there.
14. I think (that) the shopping centre will be opened next month.
15. The film will be finished next year.
16. A new road is going to be built here. There won't be so much traffic then.
17. It will be done for tomorrow, I promise.

In diesem Abschnitt werden die Grundlagen des Passivs behandelt. Grundsätzlich gilt: Was im Aktiv das Subjekt ist, wird im Passiv zum Objekt. Zum Vergleich:
We sell our products online. – *Wir verkaufen unsere Produkte online.*
Our products are sold online. – *Unsere Produkte werden online verkauft.*
Im Passiv verwenden wir stets das Verb **to be** – in der jeweils benötigten Form für Person und Tempus – plus das **Past Participle** (bei regelmäßigen Verben mit der Endung **-ed**, bei unregelmäßigen Verben mit der Form der 3. Spalte). Im Beispiel oben steht das Verb im **Present Simple**. Die Verbform von **to be** lautet hier (im Passiv) **are** (da das Substantiv im Plural steht). Hinzu kommt die 3. Form des Verbs **sell**, hier also **sold**.
Im **Past Simple** lautet die Verbform von **to be** entsprechend **was/were**, z. B.:
Aktiv: **We sold the products online.** – *Wir haben die Produkte online verkauft.*
Passiv: **The products were sold online.** – *Die Produkte wurden online verkauft.*
Beachten Sie, dass beim Passiv in der Regel die ausgeführte Aktivität im Vordergrund steht. Wenn wir einen ‚Verursacher' hinzufügen möchten, verwenden wir die Präposition **by**: **This book was written by my sister.** – *Dieses Buch wurde von meiner Schwester geschrieben.*
Die Verneinung bilden wir durch Hinzufügung von **not**: **The products were not sold online.** – *Die Produkte wurden nicht online verkauft.*

Im **Present Perfect** wird das Passiv mit **have/has been + Past Participle** gebildet, z. B.:
Aktiv: **They have (already) painted six rooms.** – *Sie haben (schon) sechs Räume gestrichen.*
Passiv: **Six rooms have (already) been painted.** – *Sechs Räume wurden (schon) gestrichen.*
Aktiv: **They haven't painted my room yet.**
Passiv: **My room hasn't been painted yet.**

Im Futur können wir, je nach Bedarf, die Konstruktion mit **will** (**will be + Past Participle**) oder die mit **going to** (**going to be + Past Participle**) verwenden, z. B.:
Aktiv: **They will repair / They are going to repair the car for tomorrow.** – *Sie werden das Auto bis morgen reparieren.*
Passiv: **The car will be repaired / is going to be repaired for tomorrow.** – *Das Auto wird bis morgen repariert.*

18. Diese Wand sollte gestrichen werden. Sie sieht nicht gut aus. ....

19. Die Waschmaschine muss so schnell wie möglich repariert werden. ....

20. Es kann morgen erledigt werden. ....

21. Obst könnte auch in andere Länder exportiert werden. ....

22. Wir müssen eine andere Straße nehmen. Diese wird gerade ausgebessert. ....

23. Derzeit werden in unserer Stadt zwei Kreisverkehre gebaut. ....

24. Ich konnte die Vereinbarung nicht kopieren. Der Kopierer war gerade in Gebrauch. ....

25. Die Zimmer in diesem Hotel werden täglich gereinigt. ....

26. Ihr Zimmer wird gerade gereinigt. Leider konnte es gestern nicht gereinigt werden. ....

27. Das Zimmer wurde gestern gereinigt. ....

28. Gestern um diese Zeit wurde Zimmer Nr. 7 gereinigt. ....

29. Das Zimmer wurde bereits gereinigt. ....

30. Das Zimmer wird bei Abreise der Gäste gereinigt. ....

31. Das Zimmer muss gereinigt werden, bevor die nächsten Gäste kommen. ....

32. Das Zimmer wird bald gereinigt. ....

33. Die Gäste haben das Zimmer bereits verlassen. Es kann jetzt gereinigt werden. ....

34. Das Zimmer sollte noch einmal gereinigt werden. ....

18. This wall should be painted. It doesn't look good.

19. The washing machine must be fixed as soon as possible.

20. It can be done tomorrow.

21. Fruit could be exported to other countries, too.

22. We have to take a different road. This one is being repaired.

23. Two roundabouts are being built in our town at the moment.

24. I couldn't copy the agreement. The copy machine was being used.

25. The rooms in this hotel are cleaned every day.

26. Your room is being cleaned now. Unfortunately, it couldn't be cleaned yesterday.

27. The room was cleaned yesterday.

28. At this time yesterday, room no. 7 was being cleaned.

29. The room has already been cleaned.

30. The room will be cleaned when the guests leave.

31. The room must be cleaned / has to be cleaned before the next guests arrive.

32. The room is going to be cleaned soon.

33. The guests have already left the room. It can be cleaned now.

34. The room should be cleaned again.

Bei der Verwendung von Modalverben wird das Passiv wie folgt gebildet:
Aktiv: **They can/could solve the problem.** – *Sie können/konnten/könnten das Problem lösen.*
Passiv: **The problem can/could be solved.** – *Das Problem kann/konnte/könnte gelöst werden.*
Aktiv: **They should/must repair our car.** – *Sie sollten/müssen unser Auto reparieren.*
Passiv: **Our car should/must be repaired.** – *Unser Auto sollte/muss repariert werden.*

Das Passiv kann auch mit **Continuous**-Zeiten verwendet werden, nämlich dem **Present Continuous** und dem **Past Continuous**. Im **Present Perfect Continuous** ist das Passiv generell nicht gebräuchlich. In den genannten **Continuous**-Zeiten wird das Passiv mithilfe der Konstruktion **is/are/was/were + being + Past Participle** gebildet, z. B.:
Aktiv: **They are cleaning the toilet just now.** – *Sie sind gerade dabei, die Toilette zu reinigen.*
Passiv: **The toilet is being cleaned just now.** – *Die Toilette wird gerade gereinigt.*
The toilet was being cleaned at that moment. – *Die Toilette wurde zu jenem Zeitpunkt gereinigt.*

Vergleichen Sie in den Sätzen 25 bis 34 die Verwendung des Passivs in den uns bisher bekannten Zeiten. Beachten Sie, wie sich die Formen ändern.

Das Verb *müssen* kann im Englischen mit zwei Verben übersetzt werden: **must** und **have to**. Dies gilt auch für das Passiv:
The problem must be / has to be solved. – *Das Problem muss gelöst werden.*

New words

....

....

....

....

....

....

....

1. Wir haben nur drei Zimmer. Wir haben nicht genug Platz für einen weiteren Kleiderschrank. ....
2. In diesem Parkhaus gibt es zweihundert Parkplätze, und kein einziger ist frei. ....
3. Wenn hier mehr Platz wäre, würden wir alle hineinpassen. ....
4. Wie oft waren Sie schon in Rom? ....
5. Wann war er das letzte Mal hier? ....
6. Ich habe ihn lange nicht gesehen. ....
7. Bisher hatten wir eine tolle Zeit. ....
8. Wenn ich weniger Arbeit hätte, würde ich zum Training gehen. ....
9. Dieses Stück ist eines seiner besten Werke. ....
10. Wir sind im Stau stecken geblieben, weil auf der Brücke Bauarbeiten durchgeführt wurden. ....
11. Hast du meine Brille gesehen? ....
12. Achtung! Auf dem Boden liegen jede Menge Glasscherben. Ich habe dort ein Glas fallen lassen. ....
13. Martha ist eine Klatschtante. Sie hat bereits allen gesagt, dass ich eine Beförderung bekommen habe. ....
14. Was ist das für ein Gerede? Worüber tratscht ihr? ....
15. Ich habe ein Haar im Kuchen gefunden! Wie widerlich! ....
16. Mir fallen die Haare aus. Ich muss mehr Obst und Gemüse essen. ....
17. Ich habe vergessen, das Bügeleisen aus der Steckdose zu ziehen. Fahr zurück! ....

1. We only have three rooms. There's not enough room for another wardrobe.
2. There are two hundred spaces in this car park and not a single one free.
3. If there were more space/room here, we would all fit.
4. How many times have you been to Rome?
5. When was the last time (that) he was here?
6. I haven't seen him for a long time.
7. We've had a great time so far.
8. If I had less work, I would go to the training course.
9. This play is one of his best works.
10. We got stuck in a traffic jam because there were works on the bridge.
11. Have you seen my glasses?
12. Watch out! There are lots of pieces of glass on the floor. I dropped a glass there.
13. Martha is a gossip. She has already told everyone that I got a promotion.
14. What's the gossip? What are you gossiping about?
15. I found a hair in the cake! How disgusting!
16. My hair is falling out. I need to eat more fruit and vegetables.
17. I forgot to unplug the iron. Turn back!

In diesem Kapitel wird die Verwendung von zählbaren im Gegensatz zu nicht zählbaren Substantiven behandelt. Diese können je nachdem, ob sie als zählbare oder als nicht zählbare Substantive in Erscheinung treten, unterschiedliche Bedeutungen haben.
Beispiele:

countable noun	uncountable noun
a room - *ein Zimmer*	**room** - *Raum, Platz*
a space - *ein Raum*	**space** - *Raum, Platz*
a work - *eine Arbeit, ein Werk*	**work** - *Arbeit*
a glass - *ein Glas* **glasses** - *eine Brille*	**glass** - *Glas*
a gossip - *ein Klatschmaul*	**gossip** - *Klatsch*
a (traffic) jam - *ein (Verkehrs-)Stau*	**jam** - *Marmelade*
a paper - *ein Dokument*	**paper** - *Papier*
a chicken - *ein Huhn*	**chicken** - *Hähnchen*
a plaster - *ein Pflaster*	**plaster** - *Gips*
a help - *eine Aushilfe*	**help** - *Hilfe*
a capital - *eine Hauptstadt*	**capital** - *Kapital*

Fruit (*Obst*) ist ein nicht zählbares Substantiv, dem man **a piece** voranstellen kann, sodass es zählbar wird, z. B.: **Eat a piece of fruit every day.** - (Wörtlich:) *Iss jeden Tag ein Stück Obst.* Die Form **fruits** kann verwendet werden, wenn es um Obstsorten geht, z. B.: **There are five different fruits in this dessert.** - *In diesem Dessert sind fünf verschiedene Obstsorten.*

18. Dieses Tor ist aus Eisen, nicht aus Holz. ....

19. Wir sind in den Wald gegangen, und wir haben uns verirrt. ....

20. Möchten Sie ein Eis oder einen Muffin mit Marmelade? ....

21. Können Sie mir ein Blatt Papier geben? Unter diesen Papieren sollte ein leeres Blatt sein. ....

22. Ich nehme eine Scheibe Toast oder Hähnchen. Ich will auch einen Kaffee. ....

23. Mein Großvater hatte früher viele Hühner auf seinem Bauernhof. ....

24. Lasst uns auf das frisch verheiratete Paar anstoßen. ....

25. Es ist nicht viel Licht im Raum. Wir sollten mehr Lichter an der Decke installieren. ....

26. Da wir keinen Fernseher haben, schauen wir nicht so viele Serien. ....

27. Ich habe eine Blase. Hast du ein Pflaster? ....

28. Letztes Jahr habe ich mir ein Bein gebrochen und ich hatte es sechs Wochen lang in Gips. ....

29. Wenn Sie mehr Erfahrung hätten, würden wir Sie einstellen. ....

30. Hattest du irgendwelche lustigen Erlebnisse auf deiner Reise? ....

31. Ich sagte, du sollst eine Tischdecke auf den Tisch legen. Bring einen Lappen mit, um ihn zuerst abzuwischen. ....

32. Wenn du Basketball spielen willst, brauchst du einen Basketball. ....

33. Hast du dieses seltsame Geräusch gehört? ....

34. Es gab ein Feuer im nahegelegenen Wald. ....

18. This gate is made of iron, not wood.

19. We went to the woods, and we got lost.

20. Would you like an ice cream or a muffin with jam?

21. Can you pass me a piece of paper? There should be a clean sheet among those papers.

22. I'll have a slice of toast or some chicken. I want a coffee too.

23. My grandfather used to have a lot of chickens on his farm.

24. Let's raise a toast to the newly-weds.

25. There's not much light in the room. We should install more lights on the ceiling.

26. As we don't have a TV, we don't watch too many series.

27. I've got a blister. Do you have a plaster?

28. Last year, I broke my leg, and I had it in plaster for six weeks.

29. If you had more experience, we would hire you.

30. Did you have any funny experiences on your trip?

31. I told you to put a tablecloth on the table. Bring a cloth to wipe it first.

32. If you want to play basketball, you need a basketball.

33. Have you heard that strange noise?

34. There was a fire in the nearby woods.

Beachten Sie, dass **iron** als Material ein nicht zählbares Substantiv ist, während es sich bei **an iron** um ein quantifizierbares Substantiv handelt, das (u. a.) *Bügeleisen* bedeutet.

Ice cream als nicht zählbares Substantiv ist die Eiscreme im Sinne einer Masse. Einzelne Eisportionen, z. B. am Stiel, können als zählbare Substantive behandelt und mit dem Artikel **an** bzw. mit Zahlwörtern wie **two** usw. versehen werden.

Wenn von Getränken die Rede ist, werden Substantive wie etwa **a coffee, a beer, a tea** usw. generell im Sinne von *eine Tasse Kaffee, eine Flasche / ein Glas Bier, eine Tasse Tee* usw. verstanden, z. B.:
Can I have two beers? – *Kann ich zwei (Flaschen/Gläser) Bier haben?*
In anderen Fällen werden diese Begriffe als nicht zählbare Substantive gebraucht, z. B.:
Coffee is tasty. – *Kaffee schmeckt gut.* (Kaffee als Pulver oder als Getränk)

Light als nicht zählbares Substantiv bedeutet *Licht*, z. B. im Sinne von *Sonnenlicht*. **A light** hingegen ist *eine Lampe* oder auch *ein Licht* im Sinne einer Lichtquelle.

Experience als nicht zählbares Substantiv bedeutet *Erfahrung* im Sinne eines praktischen Wissens. Als zählbares Substantiv (**an experience**) bezieht sich der Begriff auf *eine Erfahrung* im Sinne eines konkreten Erlebnisses.

New words

....

....

....

....

....

....

....

1. Gehen wir heute Abend aus? Um welche Zeit sollen wir uns treffen? ....
2. Kommen sie heute, um den Geschirrspüler zu reparieren? ....
3. Um wie viel Uhr kommen sie? ....
4. Ich schreibe Ihnen, um Ihnen mitzuteilen, dass ich heute nicht komme. ....
5. Was machst du heute Abend? ....
6. Ich gehe nächste Woche zum Friseur. Du wirst mich nicht wiedererkennen. ....
7. Wann beginnt das Spiel? ....
8. Wir fahren in fünfzehn Minuten los, seien Sie also bereit. ....
9. John und ich fliegen morgen nach Paris. ....
10. Unser Flugzeug startet um 15 Uhr. ....
11. Die nächste Präsentation beginnt in fünfundvierzig Minuten. Wir haben Zeit, einen Kaffee zu trinken. ....
12. Ich habe das Flugzeug verpasst. Das nächste wird erst morgen früh gehen. ....
13. Um sieben Uhr haben wir ein offizielles Abendessen mit dem Chef, und um neun Uhr gehen wir zu einem Konzert. ....
14. Der Präsident kommt morgen an und reist am nächsten Tag ab. ....
15. - Wem gehört dieses Haus?
- Jetzt gehört es mir. ....
16. Hast du Lust, morgen Abend auszugehen? ....
17. Jetzt weiß ich, dass ich mich geirrt habe. Ich schulde dir fünfzig Euro, nicht dreißig. ....

1. Are we going out tonight? What time are we meeting?
2. Are they coming to fix the dishwasher today?
3. What time are they coming?
4. I'm writing to tell you that I'm not coming today.
5. What are you doing tonight?
6. I'm going to the hairdresser's next week. You won't recognize me.
7. What time does the match begin/start?
8. We're leaving in fifteen minutes, so be ready.
9. John and I are flying to Paris tomorrow.
10. Our plane takes off at three p.m.
11. The next presentation starts in forty-five minutes. We have time to have a coffee.
12. I've missed the plane. The next one doesn't depart until tomorrow morning.
13. At seven, we have an official dinner with the main boss, and at nine, we go to a concert.
14. The president arrives tomorrow and leaves the next day.
15. - Who does this house belong to?
    - Now, it belongs to me.
16. Do you fancy going out tomorrow night?
17. Now, I know that I was wrong. I owe you fifty euros, not thirty.

Sehen wir uns die Zeiten **Present Simple** und **Present Continuous** genauer an. Im ersten Teil dieses Kapitels werden wir erörtern, wie sie zur Beschreibung künftiger Ereignisse verwendet werden können. Das **Present Continuous** wird gebraucht, um Ereignisse in der nahen Zukunft zu beschreiben, die mit Sicherheit stattfinden werden. Es wird häufig mit den folgenden Ausdrücken verwendet: **today, this evening, tonight, tomorrow, this week, next week, this month**, z. B. **I'm going to the doctor tomorrow.** – *Ich gehe morgen zum Arzt.* (Wenn man einen festen Termin hat und sicher hingeht, kann das Present Continuous verwendet werden.)

Wir verwenden das **Present Simple** in Bezug auf die Zukunft, wenn wir über etwas sprechen, das zu einem bestimmten Zeitpunkt geschehen wird, z. B. im Zusammenhang mit Fahrplänen oder anderen Zeitplänen. Es kann dabei z. B. um offizielle Veranstaltungen gehen, die für bestimmte Tage oder Zeiten geplant sind. Beispiel: **The next train leaves tomorrow morning.** – *Der nächste Zug geht morgen früh.*

Das **Present Simple** wird auch mit Verben verwendet, die Gefühle, Gedanken und Zustände beschreiben. Dazu gehören:

to love, to like, to hate	*lieben, mögen, hassen*
to fancy	*wollen, mögen*
to belong to	*gehören zu*
to know	*wissen*
to need, to want	*brauchen, wollen*
to believe	*glauben*
to cost	*kosten*
to seem	*scheinen*
to owe	*schulden*
to envy	*beneiden*
to exist	*existieren*

Auch wenn wir diese Verben in Bezug auf Handlungen verwenden, die im jeweiligen Moment stattfinden, stehen sie stets im **Present Simple** und werden nicht ins **Present Continuous** gesetzt, z. B.: **It belongs to me now.** – *Es gehört jetzt mir* (nicht: ~~It's belonging to me now~~).

18. Kostet es jetzt weniger? Wie viel weniger? ....

19. Macht es Ihnen etwas aus, wenn ich Ihren Computer benutze? ....

20. Ich habe eine neue Freundin. Sie ist zwei Jahre jünger als ich. ....

21. Sehen Sie einen Unterschied zwischen diesen Schuhen? ....

22. Ich kann nicht mit dir einkaufen gehen. Ich treffe mich heute Nachmittag mit meinem Freund. ....

23. Warum riechst du am Brot? Riecht es schlecht? ....

24. - Ich probiere die Suppe, um zu sehen, ob ich nicht zu viel Salz hinzugefügt habe. - Schmeckt sie gut? ....

25. Wie schmeckt weiße Schokolade? ....

26. Ich wiege den Koffer. Mal sehen, wie viel er wiegt. ....

27. Ich denke gerade an das Konzert. Ich finde, es war großartig. ....

28. Was hältst du von dieser Band? Magst du sie? ....

29. Ich kann nicht glauben, dass du deine Lieblingssendung verpasst. ....

30. Ich vermisse dich jetzt noch mehr. ....

31. Wir feiern heute Abend eine Party. Kommst du? ....

32. Hör auf zu telefonieren. Wir essen zu Abend. Das ist unhöflich. ....

33. Wo schaust du hin? Sehe ich komisch aus? ....

34. Wir haben Mark seit zwanzig Jahren nicht mehr gesehen. Wie sieht er jetzt aus? ....

18. Does it cost less now? How much less?

19. Do you mind if I use your computer?

20. I'm seeing a new girl now. She's two years younger than me.

21. Do you see any difference between these shoes?

22. I can't go shopping with you. I'm seeing my friend this afternoon.

23. Why are you smelling the bread? Does it smell bad?

24. – I'm tasting the soup to see if I haven't added too much salt. – Does it taste ok?

25. What does white chocolate taste like?

26. I'm weighing the suitcase. Let's see how much it weighs.

27. I'm thinking about the concert now. I think (that) it was great.

28. What do you think of this band? Do you like them?

29. I can't believe you're missing your favourite programme.

30. I miss you even more now.

31. We're having a party tonight. Are you coming?

32. Stop talking on the phone. We're having dinner. That's rude.

33. What are you looking at? Do I look strange?

34. We haven't seen Mark for twenty years. What does he look like now?

Bei den Verben unterscheidet man zwischen solchen, die einen Zustand ausdrücken und solchen, die Tätigkeiten beschreiben. Erstere stehen normalerweise nicht im **Present Continuous**. Manche Verben können jedoch unterschiedliche Bedeutungen haben – und es kann von dieser Bedeutung abhängen, ob sie im **Continuous** stehen können oder nicht. Vergleichen Sie die Bedeutungen:

Verb	Bedeutung als Zustandsverb (nur **simple**)	Bedeutung als Tätigkeitsverb (**continuous** möglich)
to see	*sehen, verstehen*	*jdn. treffen*
to think	*denken, glauben*	*nachdenken, überlegen*
to have	*haben, besitzen*	*essen, nehmen*
to feel	*eine Meinung haben*	*sich fühlen*

Das Verb **to have** kann in der Bedeutung *haben* in der Regel nur im **Present Simple** stehen. Wenn es in einem anderen Sinne auftritt, wie im Beispiel, dann können wir es auch in der Verlaufsform verwenden, z. B. **I'm having a shower now.** – *Ich dusche jetzt* (wörtlich: *Ich nehme jetzt eine Dusche*). Hier ein paar weitere Beispiele mit dem Verb **to have**:
to have a bath – *baden*,
to have breakfast – *frühstücken*,
to have a party – *eine Party feiern*,
to have a coffee/tea – *einen Kaffee/Tee trinken*

New words

....

....

....

....

....

....

....

1. Sie sind unser neuer Chef, oder? ....
2. Er ist nicht ehrlich zu uns, oder? ....
3. Du arbeitest hier, oder? ....
4. Er wohnt hier in der Nähe, nicht wahr? ....
5. Sie wissen es noch nicht, oder? ....
6. Sie spricht kein Deutsch, oder? ....
7. Es schneit nicht, oder? ....
8. Es wird kalt, nicht wahr? ....
9. Wir gehen jetzt, oder? ....
10. Du warst gestern krank, oder? ....
11. Sie hat es dir gesagt, oder? ....
12. Das wusstest du nicht, oder? ....
13. Es regnete auf dem Weg, nicht wahr? ....
14. Sie werden zu dem Treffen kommen, oder? ....
15. Sie werden nicht zu spät kommen, oder? Das wäre inakzeptabel, nicht wahr? ....
16. Er hat seine Meinung geändert, nicht wahr? ....
17. Du hast dir schon dein Hochzeitskleid ausgesucht, nicht wahr? ....

1. You are our new boss, aren't you?
2. He isn't honest with us, is he?
3. You work here, don't you?
4. He lives near here, doesn't he?
5. They don't know about it yet, do they?
6. She doesn't speak German, does she?
7. It isn't snowing, is it?
8. It's getting cold, isn't it?
9. We're leaving now, aren't we?
10. You were sick yesterday, weren't you?
11. She told you, didn't she?
12. You didn't know that, did you?
13. It was raining on the way, wasn't it?
14. You will come to the meeting, won't you?
15. They won't be late, will they? That would be unacceptable, wouldn't it?
16. He's changed his mind, hasn't he?
17. You've already chosen your wedding dress, haven't you?

In diesem Kapitel geht es um die Verwendung sogenannter **question tags**. Es handelt sich dabei um kurze Fragen, die (mit Komma) an Aussagesätze angehängt werden. In der Regel werden sie verwendet, wenn man vom Gegenüber Zustimmung erwartet. Im Deutschen übersetzen wir sie oft mit *nicht wahr?* oder auch *oder?* Im Englischen haben **question tags** je nach Subjekt und Zeitform des Satzes unterschiedliche Formen. Wir bilden sie, indem wir unter Verwendung des Subjekts und unter Beachtung der Zeitform des Satzes eine kurze Frage formulieren. Zudem gilt: Wenn der Satz bejahend ist, hat das **question tag** eine verneinende Form und umgekehrt, z. B.:

He is rich, isn't he? – *Er ist reich, nicht wahr?* (Der Satz ist bejahend, daher verwenden wir im **question tag** die negative Form.) **He doesn't have a car, does he?** – *Er hat kein Auto, oder?* (Hier ist der Satz negativ, daher ist das **question tag** positiv.) Der erste Satz enthält das Verb **to be** im **Present Simple**, welches auch im **question tag** verwendet wird. Im zweiten Satz benötigen wir im **question tag** das Hilfsverb **does**.

He was sick, wasn't he? – *Er war krank, nicht wahr?* (Hier steht das Verb **to be** in der Vergangenheit.)

He went to the doctor, didn't he? – *Er ist zum Arzt gegangen, oder?* (Der Satz ist bejahend, daher ist das **question tag** verneinend. Das Hilfsverb für die Frage lautet **did**, weil der Satz im **Past Simple** steht.)

Denken Sie daran, dass **he's** eine verkürzte Form von **he is** oder **he has** sein kann. Vergleichen Sie:
He's coming tonight, isn't he? (Present Continuous)
He's already come, hasn't he? (Present Perfect)

18. Wir können jetzt nicht reingehen, oder?
 ....

19. Es könnte schlimmer sein, nicht wahr?
 ....

20. Wir sollten das Öl wechseln, oder?
 ....

21. Sie möchten etwas ändern, oder?
 ....

22. Es wäre kein Problem, wenn ich mich dir anschließen würde, oder?
 ....

23. Du musst nicht wieder zur Arbeit gehen, oder?
 ....

24. Sie muss es auch unterschreiben, nicht wahr?
 ....

25. Du warst noch nie in Paris, oder?
 ....

26. Du kennst Jane nicht, oder? Sie war noch nie hier, oder?
 ....

27. Es ist nie zu spät, oder? Wir werden unser Ziel erreichen, nicht wahr?
 ....

28. Diese Hose ist schön, oder?
 ....

29. Die Pizza war unverhältnismäßig teuer, nicht wahr?
 ....

30. Nebenan ist eine Party, nicht wahr? Sollen wir ihnen sagen, dass sie leise sein sollen?
 ....

31. Da war nicht viel Verkehr, oder?
 ....

32. Wir können nichts tun, oder?
 ....

33. Es gab bisher nicht viele Beschwerden, oder?
 ....

34. Am Wochenende gibt es ein Konzert, nicht wahr?
 ....

18. We can't go in now, can we?

19. It could be worse, couldn't it?

20. We should change the oil, shouldn't we?

21. You'd like to change something, wouldn't you?

22. It wouldn't be a problem if I joined you, would it?

23. You don't have to go back to work, do you?

24. She has to sign it too, doesn't she?

25. You've never been to Paris, have you?

26. You don't know Jane, do you? She's never been here before, has she?

27. It's never too late, is it? We are going to achieve our goal, aren't we?

28. These trousers are nice, aren't they?

29. The pizza was too expensive for what it was, wasn't it?

30. There's a party next door, isn't there? Shall we tell them to be quiet?

31. There wasn't much traffic, was there?

32. There's nothing we can do, is there?

33. There haven't been many complaints so far, have there?

34. There will be a concert at the weekend, won't there?

Bei Sätzen mit Modalverben wie **can, could, should, would** folgt die Bildung der **question tags** demselben Prinzip. Ist ein Satz affirmativ, d. h. bejahend, ist das **question tag** negativ – und umgekehrt. Die **question tags** werden mit den Modalverben gebildet, z. B.:
You can swim, can't you? – *Sie können (doch) schwimmen, oder (nicht)?*

Question tags können selbstverständlich auch an Sätze angehängt werden, die im **Second Conditional** stehen. Das **question tag** bezieht sich auf den Hauptsatz, nicht den Nebensatz. Denken Sie daran, im **if**-Satz die Vergangenheit zu verwenden.

Beachten Sie: Wenn ein entscheidendes negatives Wort in einem Satz vorkommt (hier: **never**), wird der gesamte Satz negativ, sodass das **question tag** positiv sein muss, z. B.:
He never comes here, does he? – *Er kommt nie hierher, oder?*

In **question tags** verwenden wir stets ein Pronomen, das für das Subjekt aus dem Hauptsatz steht:
Mark is a good man, isn't he?
Your parents are already here, aren't they?
This bag is yours, isn't it?

New words

....

....

....

....

....

....

....

1. Ich musste früh aufstehen, um den frühesten Zug nach London zu erreichen. ....
2. Er hat ein schnelles Auto, aber das bedeutet nicht, dass er schnell fährt. ....
3. Wenn ich glattes Haar hätte, würde ich besser aussehen. ....
4. Fahren Sie geradeaus und biegen Sie dann links ab. ....
5. Diese Wohnung gefällt mir nicht, weil die Decke sehr niedrig ist. ....
6. Das Flugzeug, das wir gestern gesehen haben, flog sehr niedrig. Es war ziemlich seltsam. ....
7. Wie lang bist du schon hier? Hast du lange gewartet? ....
8. In diesem Zeitungsladen erhalten Sie einige Tageszeitungen und Monatszeitschriften. ....
9. Jeder sollte einen jährlichen Check-up machen. Dies ist eine gute Möglichkeit, sich vor Krankheiten zu schützen. ....
10. Sie müssen kein Taxi nehmen. Es ist nah, näher als Sie denken. ....
11. Wir müssen uns alle Bewerbungen genau ansehen. ....
12. Sie müssen sich diesen Film ansehen. Er wird von allen berühmten Kritikern sehr empfohlen. ....
13. Warum bist du so hoch auf den Baum geklettert? Du wirst runterfallen! ....
14. Dies ist ein allgemein bekanntes Problem. ....
15. Warum hast du die Tür so weit offen stehen lassen? ....
16. Es war ein harter Tag. Ich habe heute so hart gearbeitet. Ich muss mich jetzt ausruhen. ....
17. Ich habe ihm genau zugehört, aber ich konnte ihn kaum verstehen. ....

1. I had to get up early to catch the earliest train to London.
2. He has a fast car, but that doesn't mean that he drives fast.
3. If I had straight hair, I would look better.
4. Go straight, then turn left.
5. I don't like this flat because the ceiling is very low.
6. The plane (that) we saw yesterday was flying very low. It was quite strange.
7. How long have you been here? Have you been waiting long?
8. In this newsagent's, you can get some daily newspapers and monthly magazines.
9. Everyone should go for a yearly check-up. It's a good way to protect oneself from diseases.
10. There's no need to take a taxi. It's close, closer than you think.
11. We have to look closely at all the applications.
12. You must watch this film. It's highly recommended by all the famous critics.
13. Why have you climbed so high up the tree? You're going to fall down!
14. This is a widely known problem.
15. Why have you left the door wide open?
16. It's been a hard/tough day. I've worked so hard today. I must rest now.
17. I listened to him closely/carefully, but I could hardly understand him.

In diesem Kapitel beschäftigen wir uns mit den Adverbien. Zunächst geht es um solche Adverbien, die die gleiche Form wie Adjektive haben können. Hierzu gehören:

early	*früh*
fast	*schnell*
straight	*gerade*
low	*niedrig*
long	*lang*
daily	*täglich*
weekly	*wöchentlich*
monthly	*monatlich*
yearly	*jährlich*

Es gibt auch eine Gruppe von Adjektiven, deren mit **-ly** abgeleitete Formen – formal gesehen also die dazugehörigen Adverbien – spezielle Bedeutungen haben. Hierzu gehören:

close – *nah*	**closely** – *eng*
hard – *hart, schwer*	**hardly** – *kaum*
high – *hoch*	**highly** – *äußerst*
wide – *weit*	**widely** – *weitgehend*
late – *spät*	**lately** – *in letzter Zeit*
wrong – *falsch*	**wrongly** – *zu Unrecht*
fair – *fair, gerecht*	**fairly** – *ziemlich*
free – *frei, kostenlos*	**freely** – *freiwillig*
fine – *gut*	**finely** – *fein, elegant*
dead – *tot*	**deadly** – *tödlich*

18. Ich konnte im Bus kaum atmen. Er war so voll. ....

19. Es war kaum jemand im Kino. Vielleicht sechs oder sieben Leute, uns eingeschlossen. ....

20. In letzter Zeit bin ich sehr spät ins Bett gegangen. ....

21. Sie spielen nicht fair, aber es wird ziemlich bald herauskommen, du wirst sehen. ....

22. Ich möchte jetzt nicht darüber sprechen. Aber versteh mich nicht falsch. Das ist eine lange Geschichte. ....

23. Sie haben die falsche Nummer gewählt. Versuchen Sie es noch einmal. ....

24. Entschuldigen Sie die Störung. Mir wurde fälschlicherweise mitgeteilt, das Treffen finde hier statt. ....

25. Sie können diese Lesezeichen kostenlos mitnehmen. ....

26. Sie können frei darüber sprechen. Ich habe nichts dagegen. ....

27. - Draußen ist es ziemlich kalt. Zieh dir einen Mantel an.
    - Oh, mach dir keine Sorgen, es wird schon gehen. ....

28. Vergiss nicht, die Zwiebeln fein zu hacken. ....

29. - Ich finde, ich sehe in diesem Kleid etwas alt aus.
    - Oh, komm schon, du siehst toll aus. ....

30. Wenn Sie sich schminken, sehen Sie besser aus. ....

31. Hier riecht es gut. Hast du gebacken? ....

32. Deine Idee klingt gut. Ich mag das. ....

33. Er ist vor ein paar Wochen ins Ausland gezogen. Es scheint, dass er sich dort wohl fühlt. ....

34. Ich fühle mich nicht gut. Denkst du, ich sollte nach Hause gehen? ....

18. I could hardly breathe on the bus. It was so crowded.

19. There was hardly anyone at the cinema. Maybe six or seven people including us.

20. Lately, I've been going to bed very late.

21. They don't play fair, but it will come out fairly soon, you'll see.

22. I don't want to talk about it now. But don't get me wrong. It's a long story.

23. You've dialled the wrong number. Try again.

24. Sorry to interrupt. They wrongly informed me that the meeting was here.

25. You can take these bookmarks for free.

26. You can talk freely about it. I don't mind.

27. - It's fairly cold outside. Put on a coat.
- Oh, don't worry, I'll be fine.

28. Don't forget to chop the onions finely.

29. - I think I look a bit old in this dress.
- Oh, come on, you look great.

30. If you put on some make-up, you'd look better.

31. It smells nice in here. Have you been baking?

32. Your idea sounds good. I like it.

33. He moved abroad a couple of weeks ago. It seems he feels happy there.

34. I'm not feeling well. Do you think I should go home?

Ein anderes englisches Wort für **hardly** im Sinne von *kaum* ist **barely**. Beide Adverbien beinhalten eine Verneinung, weshalb Verben in Sätzen mit diesen Adverbien keine weitere Verneinung enthalten können. Daher heißt es in Satz 19 nicht: ~~There wasn't hardly anyone.~~

So wie **wrong** verwenden wir häufig in vergleichbarer Weise auch **right**. Als Adjektiv bedeutet es *richtig*, z. B. **the right answer** – *die richtige Antwort*. Als Adverb hingegen heißt **right** u. a. *rechts, genau, direkt, gleich* oder *richtig*, z. B.:
The shop that you are looking for is right in front of you. – *Das Geschäft, das Sie suchen, liegt direkt vor Ihnen.*
Rightly kann mit *zu Recht* übersetzt werden, z. B.: **As you rightly said, it's not so important.** – *Wie Sie zu Recht sagten, ist das nicht so wichtig.*

Es gibt Verben, die im Englischen nicht immer mit Adverbien, sondern z. T. auch mit Adjektiven stehen, u. a. **to look** – *sehen*, **to smell** – *riechen*, **to sound** – *klingen*, **to seem** – *scheinen*. Geht es um den Gesundheitszustand einer Person, verwenden wir nach den Verben **to feel** und **to look** die Form **well**. Sprechen wir hingegen über Sinneswahrnehmungen, z. B. darüber, wie wir uns an einem Ort fühlen oder wie wir in manchen Kleidern aussehen, sagen wir: **I feel good here.** – *Ich fühle mich hier wohl.* **You look good.** – *Du siehst gut aus.*

Gesteigert werden Adverbien wie Adjektive: **fast – faster, well – better, slowly – more slowly**.

New words

....

....

....

....

....

....

....

1. Der Präsident des Landes lebt in der Hauptstadt. ....

2. Gestern Abend habe ich drei Sternschnuppen am Himmel gesehen. ....

3. Meine Mutter wollte immer, dass ich Geige spiele. ....

4. In der Stadtmitte ist ein Feuer. Die Feuerwehr ist schon unterwegs. ....

5. Die Polizei hatte in letzter Zeit viel zu tun. ....

6. Ich habe dieses Lied sowohl im Radio als auch im Internet gehört. ....

7. Mitte des Monats haben wir immer doppelt so viel Arbeit. ....

8. Der Anfang des Spiels war nicht so gut wie das Ende. ....

9. Ihr erstes Tor erzielten sie zu Beginn des Spiels. ....

10. Die Bank ist auf der linken Seite, also biegen Sie links ab. ....

11. Die Seitenzahl befindet sich normalerweise unten auf der Seite, in diesem Buch ist sie jedoch oben. ....

12. Heute Nacht ist Vollmond. Ich werde wahrscheinlich kein Auge zumachen können. Der Mond beeinflusst meinen Schlaf sehr. ....

13. Ich habe Kopfschmerzen. Außerdem läuft mir die Nase. ....

14. Wenn ich eine Erkältung hätte, würde ich nicht rausgehen. ....

15. (Die) Grippe kann so schwerwiegend sein wie Röteln. ....

16. Da ich keinen Fernseher habe, schaue ich kein Fernsehen. ....

17. Er ist nicht mehr derselbe wie früher. ....

1. The president of the country lives in the capital.
2. Last night, I saw three shooting stars in the sky.
3. My mum has always wanted me to play the violin.
4. There's a fire in the centre. The fire brigade is already on its way.
5. The police have had a lot of work recently.
6. I've heard this song both on the radio and on the Internet.
7. In the middle of the month, we always have twice as much work.
8. The beginning of the match wasn't as good as the end.
9. They scored their first goal at the beginning of the match.
10. The bank is on the left, so turn left.
11. The page number is usually at the bottom of the page, but in this book it's at the top.
12. There's a full moon tonight. I probably won't sleep a wink. The moon influences my sleep a lot.
13. I've got a headache. On top of that, I have a runny nose.
14. If I had a cold, I wouldn't go out.
15. (The) flu can be as serious as rubella.
16. As I don't have a TV, I don't watch TV.
17. He's not the same person as he used to be.

In diesem Kapitel geht es um die Verwendung von Artikeln. Der bestimmte Artikel **the** wird gebraucht:

- wenn es um eine einzigartige Sache geht, z. B. **the capital, the president of ..., the sky, the sun, the moon, the earth**;
- mit Instrumenten: **the piano, the guitar, the violin, the drums** usw.;
- mit bestimmten Institutionen bzw. Organisationen: **the police, the army, the navy, the fire brigade**;
- mit bestimmten Substantiven: **the sea, the radio, the Internet**.

Mit dem Substantiv **the police** steht das Verb stets im Plural: **are, have** usw.

Der Artikel **the** wird oft verwendet, wenn wir mit bestimmten Ausdrücken auf Ort oder Zeit verweisen:

at the beginning of ...	*am Anfang von ...*
in the middle of ...	*in der Mitte von ...*
at the end of ...	*am Ende von ...*

Der *Mond* (**moon**) ist – in gewissem Sinne – einzigartig, daher verwenden wir normalerweise seinen Namen mit dem bestimmten Artikel. Wenn wir jedoch ein Adjektiv hinzufügen, das ihn beschreibt, z. B. **full**, setzen wir den unbestimmten Artikel: **a full moon, a very bright moon**.

Krankheitsbezeichnungen stehen generell ohne Artikel. Gängige Bezeichnungen für Beschwerden werden hingegen üblicherweise mit dem unbestimmten Artikel verwendet, z. B. **a headache, a toothache, a cold.** Wenn wir über die Grippe sprechen, braucht im Englischen in der Regel kein Artikel gesetzt zu werden, allerdings hört man auch oft die Version mit **the: I've got (the) flu.** Die Namen von Krankheiten wie **measles** (*Masern*) und **mumps** (*Mumps*) können ebenfalls mit dem Artikel **the** stehen.

Das Substantiv **TV** ohne Artikel bezieht sich auf das *Fernsehen*. Wird der Artikel (**a TV**) gesetzt, ist der *Fernseher* gemeint.

18. Der Aufzug fährt nicht in die oberste Etage. Er geht nur in den achten Stock. ....

19. Können Sie mir sagen, wo die nächste Apotheke ist? ....

20. Ich mag normalerweise keinen Wein, aber heute habe ich Lust auf ein Glas roten Hauswein. ....

21. Das Leben ist heutzutage einfacher. ....

22. Normalerweise komme ich gut mit anderen Menschen aus, aber ich mag die Leute nicht, die hier arbeiten. ....

23. Ich interessiere mich nicht für Geschichte, aber die Geschichte dieses Gebäudes scheint interessant zu sein. ....

24. Mein Mann interessiert sich nicht für Sportarten wie Fußball. Er bevorzugt Musik, besonders Jazz. ....

25. Was hast du gestern zu Abend gegessen? ....

26. Sollen wir auf der Terrasse frühstücken? ....

27. Die Schweden sprechen fließend Schwedisch und Englisch. ....

28. - Wann haben Sie ihn das letzte Mal gesehen?
- Das war letzten Dienstag. ....

29. Denken Sie beim nächsten Mal daran, die zweite Straße links abzubiegen. ....

30. Der Ausschlag müsste in den nächsten sieben Tagen auftreten. ....

31. In den letzten zwei Wochen gab es drei Einbrüche. Die Polizei sollte etwas dagegen unternehmen. Die Räuber sollten ins Gefängnis (gehen). ....

32. Die Polen gehen mit neunzehn (Jahren) zur Universität. ....

33. Bevor ich nach Hause gehe, muss ich zur Bank und zum Zahnarzt. ....

34. Hast du Lust ins Kino zu gehen oder willst du nach Hause? ....

18. The lift doesn't go to the top floor. It only goes to the eighth floor.

19. Can you tell me where the nearest pharmacy is?

20. I generally don't like wine, but today I feel like having a glass of house red.

21. Life is easier these days.

22. I usually get on with people, but I don't like the people who work here.

23. I don't like history, but the history of this building seems interesting.

24. My husband doesn't like sports like football. He prefers music, especially jazz.

25. What did you have for dinner yesterday?

26. Shall we have breakfast on the terrace?

27. The Swedes / The Swedish (people) speak Swedish and English fluently.

28. - When was the last time (that) you saw him?
- It was last Tuesday.

29. Next time, remember to take the second turning on the left.

30. The rash should come out in the next seven days.

31. There have been three break-ins in the last two weeks. The police should do something about it. The robbers should go to prison.

32. The Poles / The Polish go to university when they are nineteen (years old).

33. Before I go back home, I have to go to the bank and to the dentist.

34. Do you feel like going to the cinema or home?

Bei Ordnungszahlen verwenden wir normalerweise den bestimmten Artikel, z. B.: **the first/second floor** – *die erste/zweite Etage*, **the second person** – *die zweite Person*, **the 20th century** – *das 20. Jahrhundert*. Dies gilt auch für die höchste Steigerungsstufe des Adjektivs, den Superlativ (**the nearest**).

Wenn wir über etwas im Allgemeinen sprechen – z. B., was uns gefällt oder nicht gefällt – verwenden wir keinen Artikel: **I like coffee.** – *Ich mag Kaffee.* **Vegetables are healthy.** – *Gemüse ist gesund.* Geht es hingegen um eine konkrete Sache, setzen wir den bestimmten Artikel **the**, z. B.: **The coffee (that) I'm having is delicious. The vegetables in this shop aren't fresh.** Werden Maßeinheiten oder Ähnliches verwendet, setzt man vor diese in der Regel den unbestimmten Artikel **a/an**, z. B.: **I would like a cup of coffee.** – *Ich hätte gern eine Tasse Kaffee.*

Die Namen der Mahlzeiten (**breakfast, lunch** usw.) werden ohne Artikel verwendet.

Bei den Bezeichnungen von Nationalitäten und Sprachnamen verwenden wir generell keinen Artikel, wenn sie adjektivisch verwendet werden (**she is French; she speaks French**). Der Artikel wird hingegen vor die Nationalitätsbezeichnung gesetzt, wenn sich diese auf Personen bezieht, z. B. **the Spanish** – *die Spanier*, **the French** – *die Franzosen*, **the Chinese** – *die Chinesen.*

New words

....

....

....

....

....

....

....

1. Was wirst du tun? [Continuous] ....

2. Was wirst du tun? [Simple] ....

3. Die Preise werden nächstes Jahr fallen. [Simple] ....

4. Die Preise werden nächstes Jahr fallen. [Continuous] ....

5. Ich glaube, ich werde morgen nach London fliegen. ....

6. Glaubst du, sie werden hier bleiben? ....

7. Sie werden um drei Uhr hier sein. ....

8. Um zwei Uhr werden sie noch unterwegs sein. ....

9. Morgen um diese Zeit sehe ich mir ein Spiel an. ....

10. Es wird schwierig werden. ....

11. Ich denke, dass sie uns nur für einen Monat beauftragen werden. ....

12. Ich werde bei dir vorbeifahren, also werde ich dich besuchen. ....

13. Fährst du später in die Innenstadt? ....

14. Ich hoffe, du kommst früh zurück. ....

15. Leider werde ich bis spät in die Nacht arbeiten. ....

16. Ich nehme an / gehe davon aus, dass sie uns nicht mehr anrufen werden. ....

17. Wirst du auf mich warten, wenn ich zurück bin? ....

1. What will you be doing?
2. What will you do?
3. The prices will fall next year.
4. The prices will be falling next year.
5. I think I will fly to London tomorrow.
6. Do you think they will stay here?
7. They will be here at three o'clock.
8. At two o'clock, they will still be on their way.
9. At this time tomorrow, I will be watching a match.
10. It will be difficult.
11. I think (that) they will only hire us for a month.
12. I will be passing by, so I will visit you.
13. Will you be driving to the city centre later?
14. I hope you'll come back early.
15. Unfortunately, I will be working until late.
16. I assume/suppose they won't call us anymore.
17. Will you be waiting for me when I'm back?

Das **Future Simple** (**will-Future**) ist die einfache Zukunft. Die Zeitform **Future Simple Continuous** (Bildung mit **will be doing**) bezieht sich auf laufende Handlungen in der Zukunft.

Diese Zukunftszeiten werden im Allgemeinen folgendermaßen gebildet und übersetzt:

Future Simple:
I'll see – *ich werde sehen,*
I'll sit – *ich werde mich setzen.*
Future Continuous:
I'll be watching – *ich werde zusehen,*
I'll be sitting – *ich werde sitzen.*

In Satz 1 geht es um eine länger andauernde, unvollendete Handlung, daher wird die Zeitform **Future Continuous** (Verbform: **will be doing**) verwendet.
In Satz 2 geht es um eine nicht länger andauernde Handlung – in diesen Fällen verwenden wir in der Regel das **Future Simple** (Verbform: **will do**).

Das **Future Continuous** wird also nach folgendem Muster gebildet: **will** + **be** + Verb mit der Endung **-ing**, z. B.: **At this time tomorrow, I'll be packing.** – *Morgen um diese Zeit werde ich (gerade dabei sein zu) packen.* Um eine Verneinung zu bilden, fügen wir **not** hinzu: **won't be doing**.

To be on the way bedeutet *unterwegs sein.* Dieser Ausdruck sollte nicht mit der ähnlichen Formulierung **in the way** verwechselt werden, die eine gänzlich andere Bedeutung hat: **Don't get in my way.** – *Komm mir nicht in die Quere.*

Das **Future Continuous** bezieht sich auch hier wieder auf eine (länger) andauernde, nicht abgeschlossene Handlung (**will be passing by**), während das **Future Simple** eine einfache Aktion in der Zukunft beschreibt (**will visit**). **To pass by** ist ein **Phrasal verb** mit der Bedeutung *vorbeigehen, -fahren.*

Fragen werden mithilfe folgender Konstruktion gebildet: **auxiliary (will) + subject (you) + verb (be)**, z. B.:
What will you be doing at this time tomorrow?
– *Was wirst du morgen um diese Zeit tun?*

18. Wir werden sie weiter anrufen, bis sie den Hörer abheben. ....

19. Ich bezweifle, dass es ihnen gefallen wird. ....

20. Was glauben Sie, wann sie uns eine Gehaltserhöhung geben werden? ....

21. Ich werde es tun, ich verspreche es. ....

22. Ich werde es tun, bis ich müde werde. ....

23. Ich werde den Chef um eine Gehaltserhöhung bitten. ....

24. Wir werden Fußball spielen, bis es dunkel wird. ....

25. Ich werde ihn nicht stören. ....

26. Ich hole dich morgen um sieben Uhr im Büro ab. ....

27. Wirst du fertig sein? ....

28. Mach dir keine Sorgen. Ich werde auf dich warten, wenn du dort ankommst. ....

29. Du brauchst jetzt nicht ins Zentrum gehen. Ich werde sowieso später am Nachmittag dorthin gehen. ....

30. Du musst John jetzt nicht anrufen. Ich rufe ihn sowieso später an, also frage ich ihn dann. ....

31. Wir werden heute mit den Smiths zu Abend essen, dann können wir sie fragen. ....

32. Weißt du, was du in zehn Jahren machen wirst? ....

33. Oh ja, ich werde in einem großen Haus mit Garten wohnen. ....

34. Morgen um diese Zeit werde ich mich am Strand sonnen. Ich kann es kaum erwarten. ....

18. We will keep calling them until they pick up the phone.

19. I doubt they will like it.

20. When do you think they will give us a pay rise?

21. I will do it, I promise.

22. I will be doing it until I get tired.

23. I will ask the boss for a pay rise.

24. We will be playing football until it gets dark.

25. I won't be bothering him.

26. I will pick you up at the office at seven o'clock tomorrow.

27. Will you be ready?

28. Don't worry. I'll be waiting for you when you get there.

29. You don't have to go to the centre now. I'll be going there anyway later in the afternoon.

30. You don't have to call John now. I'll be calling him later anyway, so I'll ask him then.

31. We'll be having dinner with the Smiths tonight, so we can ask them.

32. Do you know what you'll be doing in ten years' time?

33. Oh, yes, I will be living in a big house with a garden.

34. At this time tomorrow, I'll be sunbathing on the beach. I can't wait.

Das Verb **to keep** drückt hier Kontinuität aus, **to keep doing sth** kann etwa übersetzt werden mit *etw. weiterhin tun*.
Das **Phrasal verb to pick up** bedeutet zum einen *abholen* (wenn es z. B. um eine Person geht, die man vom Bahnhof abholt), zum anderen *(den Hörer) abnehmen*.

Einige Verben, wie z. B. **to be, to like, to have** (im Sinne von *haben*) sowie **to want** werden nicht im **Future Continuous** verwendet, sondern stattdessen im **Future Simple**.

Denken Sie daran, dass nach der Konjunktion *bis* das Präsens verwendet wird. Es heißt nicht: ~~until I will get tired~~. Mehr dazu in Kapitel 19.

Das **Future Continuous** tritt oft in Sätzen auf, die Aktivitäten beschreiben, die bereits für die Zukunft geplant sind und auf jeden Fall stattfinden werden, z. B.: **You don't have to check it now. I'll be checking it anyway later on.** – *Sie müssen es nicht sofort überprüfen. Ich werde es später ohnehin überprüfen.*
Es bezieht sich zudem auf Aktivitäten, die (irgendwann) in der Zukunft stattfinden werden, wie z. B. in Satz 33.

New words

....

....

....

....

....

....

....

UNIT 32 **Subject & object questions**

1. Was ist passiert? ....
2. Wann ist es passiert? ....
3. Wer hat dir das gesagt? ....
4. Hat Tom dir das gesagt? ....
5. Wer mag sie? ....
6. Wen mag sie? ....
7. Wer kennt ihn? ....
8. Wen kennt er? ....
9. Wer weiß die Antwort? ....
10. Weiß jemand die Antwort? ....
11. Wer hat das Fenster kaputtgemacht? ....
12. Hat Tom das Fenster kaputtgemacht? ....
13. Wer kommt mit uns? Kommt Tom mit uns? ....
14. Wer hat meine Schokolade gegessen? ....
15. Hast du meine Schokolade gegessen? ....
16. Wer wird zuerst ankommen? ....
17. Ich denke, John wird zuerst ankommen. ....

1. What happened?
2. When did it happen?
3. Who told you that?
4. Did Tom tell you that?
5. Who likes her?
6. Who does she like?
7. Who knows him?
8. Who does he know?
9. Who knows the answer?
10. Does anybody know the answer?
11. Who broke the window?
12. Did Tom break the window?
13. Who is coming with us? Is Tom coming with us?
14. Who ate my chocolate?
15. Did you eat my chocolate?
16. Who will arrive first?
17. I think John will arrive first.

Fragen nach dem Subjekt haben grundsätzlich die gleiche Struktur wie Aussagesätze, und zwar insofern, als dass hier keine Hilfsverben verwendet werden, z. B.: **Who knows the answer?** – *Wer weiß/kennt die Antwort?* (Wir fragen mit **who** nach dem Subjekt.) Wir sagen nicht: ~~Who does know the answer?~~ In Satz 1 fragen wir danach, was passiert ist. Die Antwort auf diese Frage ist das Subjekt. In Satz 2 kennen wir das Subjekt (**it**), und dementsprechend bilden wir die Frage mit dem Hilfsverb **did** bzw. der Konstruktion: **auxiliary (did) + subject (it) + verb (happen)**.

In Satz 5 kennen wir das Subjekt nicht, wir fragen danach. In Satz 6 kennen wir das Subjekt (**she**), also stellen wir die Frage mit dem Hilfsverb (**does**).

In Fragen nach dem Subjekt steht das Verb immer in der 3. Pers. Sing., wir fügen also dem Verb die Endung **-s** hinzu. Wir können nicht sagen: ~~Who know him?~~

Die Frage nach dem Subjekt hat auch hier die gleiche Struktur wie ein Aussagesatz.

18. Welcher dieser beiden Computer kostet weniger? ....

19. Wie viele Leute sind zur Hochzeit gekommen? ....

20. Sind alle zur Hochzeit gekommen? ....

21. Wie viele Leute haben bisher angerufen? ....

22. Wessen Auto ist das beste? ....

23. Wer war in Paris? ....

24. Wer hat ihn am Bahnhof getroffen? ....

25. Wen hat er am Bahnhof getroffen? ....

26. Wer ist mit dir gegangen? ....

27. Mit wem bist du gestern Abend ausgegangen? ....

28. Was macht dich glücklich? ....

29. Macht dich deine Arbeit glücklich? ....

30. Wer hat die Tür geöffnet? Hast du sie geöffnet? ....

31. Wer hat das gesagt? ....

32. Was ist deine Lieblingsband? Was für Musik macht sie? ....

33. Wer hat das Spiel gewonnen? Hat die deutsche Mannschaft gewonnen? ....

34. Wer hat hier früher gewohnt? Weißt du es nicht? Wer weiß es dann? ....

18. Which of these two computers costs less?

19. How many people came to the wedding?

Die Frage nach dem Subjekt besteht manchmal nicht nur aus **who** und **what**. Die Konstruktion der Frage bleibt jedoch die gleiche. Wir können nicht sagen: ~~Which of these two computers does cost less?~~

20. Did everybody come to the wedding?

21. How many people have called so far?

22. Whose car is the best?

23. Who has been to Paris?

Denken Sie daran, dass wir mit dem **Present Perfect** die Präposition **to** verwenden, wenn wir nach Orten fragen, an denen jemand gewesen ist (vgl. Kapitel 5).

24. Who met him at the station?

25. Who did he meet at the station?

Wir stellen Fragen nach dem Subjekt, wenn wir nicht wissen, wer eine Handlung ausführt (z. B. Satz 24). Wenn wir hingegen das Subjekt kennen (wie z. B. **he** in Satz 25), stellen wir die Frage mit dem Hilfsverb bzw. mit der folgenden Struktur: **auxiliary + subject + verb.**

26. Who went with you?

27. Who did you go out with last night?

28. What makes you happy?

29. Does your job make you happy?

30. Who opened the door? Did you open it?

31. Who said that?

32. What is your favourite band? What kind of music do they play?

33. Who won the match? Did the Polish team win?

34. Who lived here before? Don't you know? Who knows then?

New words

....

....

....

....

....

....

....

1. Der Artikel muss bis Ende der Woche fertig sein. ....
2. Die berühmten Sonnenblumen wurden von van Gogh gemalt. ....
3. Können wir bitte einen Tisch am Fenster haben? ....
4. Ich habe mich entschieden, in meinem Urlaub Französisch zu lernen. ....
5. Sie hat während des gesamten Treffens kein Wort gesagt. Seltsam, findest du nicht? ....
6. Sie können einen Kaffee trinken, während Sie warten. ....
7. Ich war drei Stunden unterwegs. Hat jemand angerufen, während ich unterwegs war? ....
8. Ich esse tagsüber nicht viel. ....
9. Warte nicht auf uns. Wir werden erst spät zurück sein. ....
10. John müsste in innerhalb der nächsten zwei Stunden zurück sein. Bleibst du bis dahin bei mir? ....
11. Wir haben bisher schon viel getan, um die Situation zu verbessern. ....
12. Wir werden warten, bis alle da sind. ....
13. Von 2013 bis 2015 haben wir in Brighton gelebt. Wir mochten es dort sehr. ....
14. Ich werde bis Ende nächster Woche nicht im Büro sein. ....
15. Sie können an der Ampel aus dem Auto steigen. ....
16. Als ich in den Bus stieg, wurde mir klar, dass es nicht der richtige war. ....
17. Das liegt außerhalb meiner Kontrolle. ....

1. The article must be finished by the end of the week.
2. The famous Sunflowers was painted by van Gogh.
3. Can we have a table by the window, please?
4. I've decided to study French during my holiday.
5. She didn't say a word during the whole meeting. How strange, don't you think?
6. You can have a coffee while you're waiting.
7. I was out for three hours. Did anyone call while I was out?
8. I don't eat much during the day.
9. Don't wait for us. We won't be back until late.
10. John should be back within two hours. Will you stay with me until then?
11. Until/Till now, we've done a lot to improve the situation.
12. We will wait until/till everyone is here.
13. From 2013 till/until/to 2015 we lived in Brighton. We loved it.
14. I'll be out of the office until the end of next week.
15. You can get out of the car at the traffic lights.
16. When I got onto the bus, I realised it wasn't the right one.
17. This is beyond my control.

In diesem Kapitel behandeln wir die Verwendung mehrerer zeit- bzw. ortsbezogener Präpositionen.

Die Präposition **by** bedeutet *bis/vor*, z. B. **by Monday** – *bis Montag*, **by midnight** – *bis Mitternacht*. Auch beim Passiv findet die Präposition **by** Verwendung, hier mit der Bedeutung *von (jemandem)*, z. B. **It is done by the government.** – *Es wird von der Regierung gemacht.* Man kann in diesem Sinne, je nach Zusammenhang, **by** auch mit *durch* übersetzen, z. B. **by me** – *durch mich.*

During bedeutet *während*. Diese Präposition sollte nicht mit **while** verwechselt werden, das ebenfalls mit *während* zu übersetzen ist. Nach **during** steht ein Substantiv, **while** hingegen bezieht sich auf einen ganzen Satz, z. B.: **He prepared a surprise for me while I was sleeping.** – *Er hat eine Überraschung für mich vorbereitet, während ich geschlafen habe.* Zur Erinnerung: Wenn wir uns auf die Zukunft beziehen, verwenden wir nach **while** das Präsens, z. B. **I'll vacuum while you're out.** – *Ich staubsauge, während du weg bist.*

During the day – *während des Tages*, **during the night** – *während der Nacht*, **within an hour** – *innerhalb einer Stunde*, **within three days** – *innerhalb von drei Tagen.*

Till/until sind zwei Präpositionen mit der Bedeutung *bis*, z. B. **We stayed in bed until midday.** – *Wir sind bis zum Mittag im Bett geblieben.* Danach kann entweder ein Substantiv oder ein Satz stehen, z. B. **Don't look until/till I tell you.** – *Schau nicht, bis ich es dir sage.* Auch hier gilt: In entsprechenden Nebensätzen wird das Präsens verwendet.

Die Präposition **to** in Kombination mit **in (into)** oder **on (onto)** zeigt eine Bewegung an, z. B. **Put the keys into the bag.** – *Stecken Sie die Schlüssel in die Tasche.* Die Formen **into** und **onto** können oft als Alternative zu **on** oder **in** gebraucht werden, d. h., die Formen **on** und **in** können hier auch allein stehen, z. B. **When I got on the bus ...** bzw. **Put the keys in the bag.**

18. Es muss jemanden unter ihnen geben, der Englisch sprechen kann. Vielleicht der Mann, der zwischen John und Jim sitzt. ....

19. Dieser Sänger gibt Konzerte im ganzen Land. ....

20. Unser Geschäft ist das ganze Jahr über täglich von 8 bis 7 Uhr geöffnet. Zwischen 4 und 5 Uhr machen wir eine Pause. ....

21. Wir waren zu zehnt am Tisch. ....

22. Sollen wir uns bei dir oder bei mir treffen? ....

23. Wir waren bei Jake, als wir die Neuigkeit erfuhren. ....

24. Unterschreiben Sie bitte unten. Der Stift liegt unter dem Vertrag. ....

25. Wir müssen etwas über der Kommode aufhängen – vielleicht einen Spiegel oder ein Bild. ....

26. Schauen Sie, wir fliegen über die Berge. Wussten Sie, dass die Außentemperatur weit unter Null liegt? ....

27. Manche Leute sagen, dass es Unglück bringt, unter einer Leiter durchzugehen. ....

28. Die Diebe entkamen durch die Hintertür. ....

29. Könntest du über diesen See schwimmen? ....

30. Ich laufe gerne bei Sonnenuntergang am Strand entlang. ....

31. Ich kann Brot kaufen. Auf dem Rückweg werde ich am Supermarkt vorbeifahren. ....

32. Sie müssen am Fluss entlanggehen, an der Universität vorbei und über die Brücke (gehen). Läuten Sie die Glocke, um durch das Tor zu kommen. ....

33. Um die Ecke gibt es einen Geldautomaten. ....

34. Zuerst gehen wir bergauf und dann fünf Minuten bergab. ....

18. There must be someone among them who can speak English. Maybe the guy who is sitting between John and Jim.

19. This singer gives concerts throughout the country.

20. Our shop is open from 8 till/to 7 daily throughout the year. Between 4 and 5 p.m. we have a break.

21. There were ten of us at the table.

22. Shall we meet at yours or at mine?

23. We were at Jake's when we heard the news.

24. Sign below, please. The pen is under the agreement.

25. We need to hang / put up something above the chest of drawers – maybe a mirror or a picture.

26. Look, we're flying over the mountains. Did you know that the temperature outside is way below zero?

27. Some people say that walking under a ladder brings bad luck.

28. The thieves escaped through the back door.

29. Would you be able to swim across this lake?

30. I enjoy running along the beach at sunset.

31. I can buy bread. I will be driving past the supermarket on my way back.

32. You need to go along the river, past the university and (go) across the bridge. To pass through the gate, ring the bell.

33. There's a cash machine round the corner.

34. First we will go uphill, and then five minutes downhill.

Between bedeutet *zwischen*, **among** heißt *unter*. Mit **between** beziehen wir uns auf zwei Dinge oder Personen, die klar voneinander getrennt sind. **Among** hingegen verwenden wir, um über Dinge oder Personen zu sprechen, die nicht klar getrennt sind, weil sie Teil einer Gruppe oder Menge sind.

Throughout bedeutet so viel wie *überall, durchgehend, während*. Gängige Kombinationen sind: **throughout the world** – *auf der ganzen Welt*, **throughout the country** – *im ganzen Land*, **throughout the day** – *den ganzen Tag (über)*, **throughout the week** – *die ganze Woche (über)*.

Die Präposition **at** hat im Zusammenhang mit Orten meist die Bedeutung *an, in, bei*, z. B. **at the cinema, at the station, at a party**. Wenn wir über Gebäude sprechen, verwenden wir meist **at** oder **in**, z. B. **I'm at/in the office.** – *Ich bin im Büro.* In Kombination mit einem Substantiv in Form eines Genitivs oder mit einem Possessivpronomen bedeutet es in der Regel *bei*, z. B.: **at mine** – *bei mir*, **at hers** – *bei ihr*, **at ours** – *bei uns*, **at Mark's** – *bei Mark*.

Above heißt *über*, **below** heißt *unter*, z. B. **The temperature is below zero.** – *Die Temperatur liegt unter Null.* **Under** bedeutet ebenfalls *unter*, und wir verwenden es, wenn sich ein Objekt unter einem anderen befindet, z. B. **What's under the chair?** – *Was ist unter dem Stuhl?* Die Präposition **over** heißt wiederum *über*, und wir benutzen sie meist im Zusammenhang mit Bewegung, z. B., wenn wir über etwas rennen, fliegen oder springen.

New words

....

....

....

....

....

....

....

1. Was sagst du? Ich kann nichts hören, weil ich im Bus bin. ....
2. Ich bin schon im Zug. Ich bin in einer Stunde da. ....
3. Im Flugzeug ist das Rauchen verboten. ....
4. Ich glaube, ich habe meine Brieftasche im Auto liegen lassen. ....
5. Dieser Film basiert auf einer wahren Begebenheit. ....
6. Meine Familie besteht aus fünf Personen. ....
7. Sie gibt ein Vermögen für Kleidung aus. ....
8. Viele Leute beschweren sich über das Bildungssystem. ....
9. - Ich möchte mich bei Ihnen entschuldigen. - Wofür?
   - Für die Unannehmlichkeiten, die ich verursacht habe. ....
10. Es tut mir leid, was ich getan habe. ....
11. Lach mich nicht aus. ....
12. Es riecht nach Pizza. Machst du eine? ....
13. Stimmst du mir zu? Alle anderen stimmen mir zu. ....
14. Ich habe das gleiche Problem wie du. ....
15. Ich werde versuchen, in zehn Minuten da zu sein. ....
16. Heute werden wir über den Einfluss des Klimas auf die Landwirtschaft sprechen. ....
17. Ist diese Mitteilung für mich bestimmt? ....

1. What are you saying? I can't hear anything because I'm on the bus.

2. I'm already on the train. I'll be there in an hour.

> Mit den Bezeichnungen der größeren öffentlichen Verkehrsmittel verwenden wir meist die Präposition **on**, z. B. **on the bus, on the train, on the plane**. Mit kleineren Transportmitteln steht generell die Präposition **in**, z. B. **in the car, in the taxi**.

3. Smoking is forbidden on a plane.

4. I think (that) I left my wallet in the car.

5. This film is based on a true story.

6. My family consists of five people.

7. She spends a fortune on clothes.

8. A lot of people complain about the education system.

9. - I want to apologize to you. - What for?
 - For the inconvenience that I caused.

10. I'm sorry for what I did.

> **To be sorry for sth** heißt *etw. bereuen*. **To be/feel sorry for sb** bedeutet, dass man Mitleid mit jemandem hat.

11. Don't laugh at me.

12. It smells of pizza. Are you making one?

13. Do you agree with me? Everyone else agrees with me.

> Hier gilt es zu beachten, dass **everyone** ein Singular ist, daher verwenden wir die Verbform in der 3. Pers. Sing.: **agrees**.

14. I have the same problem as you (do).

15. I'll try to be there in ten minutes.

16. Today, we are going to talk about the influence of the climate on agriculture.

17. Does this note refer to me?

Hier ein Überblick über einige Kombinationen mit Präpositionen:

to be based on	*basieren auf*
to consist of	*bestehen aus*
to spend (money) on	*(Geld) ausgeben für*
to complain about	*sich beschweren über*
to apologize to sb for sth	*sich bei jdm. für etw. entschuldigen*
to laugh at sb	*über jdn. lachen*
to smell of sth	*nach etw. riechen*
to agree with sb	*jdm. zustimmen*
the same as	*dasselbe wie*
in (15 minutes)	*in (15 Minuten)*
to have influence on	*Einfluss haben auf*
to refer to	*sich beziehen auf*
to be typical of	*typisch sein für*
to shout at	*anschreien*
to accuse of	*beschuldigen*
to be angry with sb about sth	*jdm. wegen etw. böse sein*

18. Sie lässt ihren Regenschirm immer im Bus liegen. ....

19. Das ist typisch für sie. ....

20. Schrei ihn nicht an. Er hat nichts falsch gemacht. ....

21. Er ist jetzt in einer Besprechung. Sie müsste in zwanzig Minuten vorbei sein ....

22. Worauf basiert diese Recherche? ....

23. Aus wie vielen Personen besteht Ihr Team? ....

24. Wie viel haben Sie für Werbung ausgegeben? ....

25. Er hat sich bei mir noch nicht dafür entschuldigt. ....

26. Haben Sie sich jemals über den Service in einem Restaurant beschwert? ....

27. Er lacht immer über andere Leute. ....

28. - Wonach riecht dieses Parfüm?
    - Es riecht nach Rosen. ....

29. Bist du mit deiner Schwester auf die gleiche Schule gegangen? ....

30. Glaubst du, dass (das) Fernsehen einen negativen Einfluss auf dich hat? ....

31. Dieses Gesetz bezieht sich auf Audits / Wirtschaftsprüfungen. ....

32. Sie wurden eines Banküberfalls beschuldigt. Sie wurden bereits verhaftet. ....

33. Es tut mir leid für sie. Sie sind schon lange in Schwierigkeiten. ....

34. Bist du mir immer noch böse wegen gestern Abend? ....

18. She always leaves her umbrella on the bus.

19. It's typical of her.

> Ein typischer Fehler, der auf die deutsche Konstruktion zurückzuführen ist: ~~It's typical for her.~~

20. Don't shout at him. He hasn't done anything wrong.

21. He's in a meeting now. It should end in twenty minutes.

> Im Englischen kann man im Zusammenhang mit einem **meeting** die beiden Präpositionen **in** oder **at** (**in/at a meeting**) verwenden, es heißt jedoch nicht ~~on a meeting~~.

22. What's this research based on?

23. How many people does your team consist of?

24. How much did you spend on advertising?

25. He hasn't apologized to me for it yet.

26. Have you ever complained about the service in a restaurant?

27. He always laughs at people.

28. - What does this perfume smell of?
    - It smells of roses.

> Wenn wir fragen, wie etwas riecht, stellen wir die Frage: **What does it smell like?** – *Wie riecht es?* Vergleichbar mit: **What does it taste like?** – *Wie schmeckt es?*

29. Did you go to the same school as your sister?

30. Do you think (that) TV has a negative influence on you?

31. This act refers to audits.

32. They've been accused of a bank robbery. They've already been arrested.

33. I feel sorry for them. They've been in trouble for a long time now.

34. Are you still angry with me about last night?

New words

....

....

....

....

....

....

....

1. Sie kommen nicht, oder? Wie schade!
2. Komm schon! Beeile dich! Wir sind spät dran.
3. Ich verstehe, was du meinst.
4. - Kommen sie heute?
   - Ich glaube schon. / Ich glaube nicht.
5. Du Glückspilz!
6. Gut zu wissen.
7. Was heißt das auf Englisch?
8. Wie nennt man das auf Englisch?
9. Wie kommt es, dass du so früh auf bist?
10. Ich bin jetzt seit einer Stunde auf. Ich habe ein paar Dinge zu erledigen.
11. Lassen Sie mich Ihnen mit diesen Koffern helfen.
12. Ich bin weg.
13. Ich bin fertig.
14. Gut gemacht!
15. Keine Ursache!
16. So ist das Leben!
17. Ich brauche einen Drink.

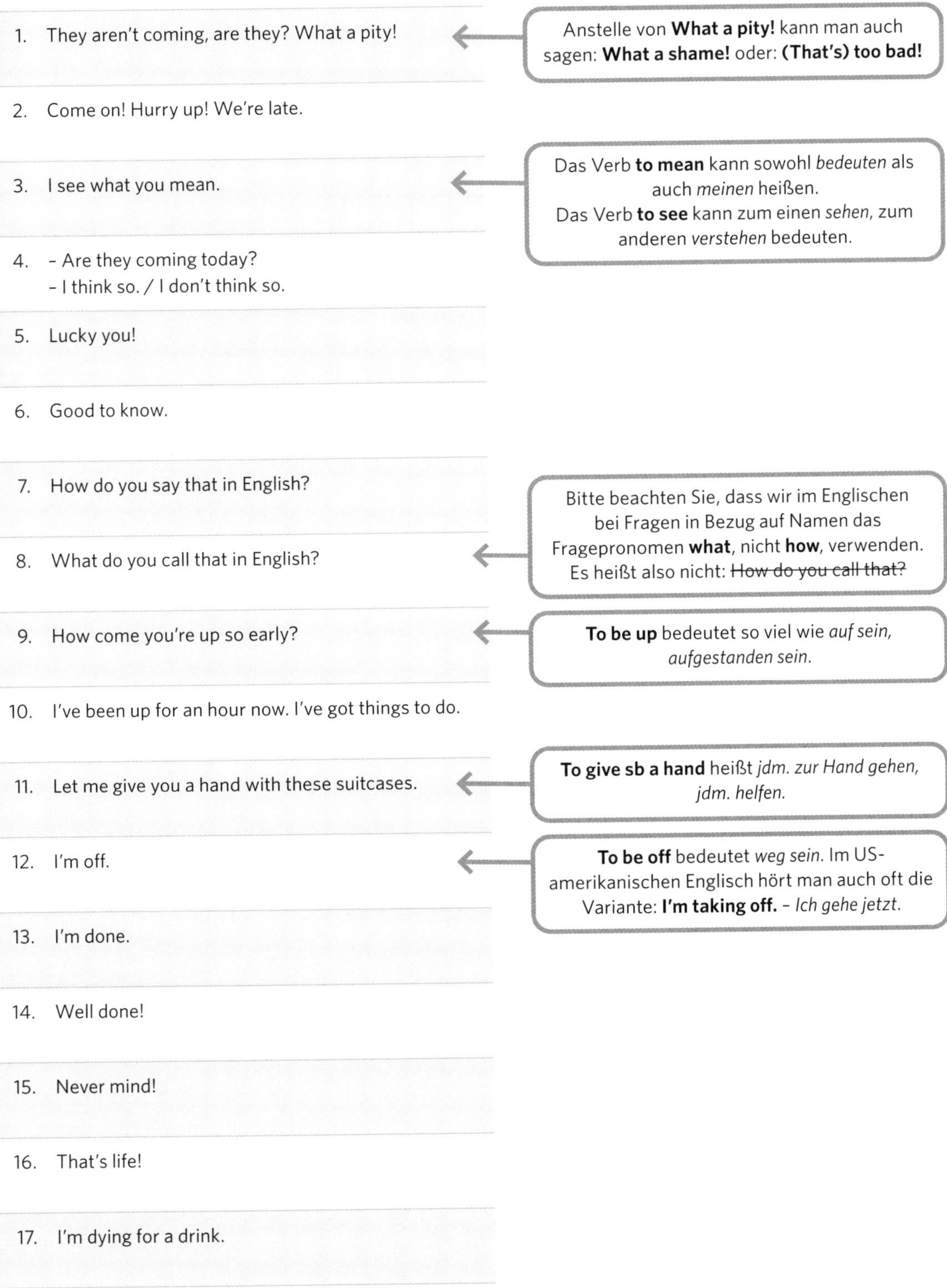

1. They aren't coming, are they? What a pity!

Anstelle von **What a pity!** kann man auch sagen: **What a shame!** oder: **(That's) too bad!**

2. Come on! Hurry up! We're late.

3. I see what you mean.

Das Verb **to mean** kann sowohl *bedeuten* als auch *meinen* heißen.
Das Verb **to see** kann zum einen *sehen*, zum anderen *verstehen* bedeuten.

4. - Are they coming today?
   - I think so. / I don't think so.

5. Lucky you!

6. Good to know.

7. How do you say that in English?

8. What do you call that in English?

Bitte beachten Sie, dass wir im Englischen bei Fragen in Bezug auf Namen das Fragepronomen **what**, nicht **how**, verwenden. Es heißt also nicht: ~~How do you call that?~~

9. How come you're up so early?

To be up bedeutet so viel wie *auf sein, aufgestanden sein.*

10. I've been up for an hour now. I've got things to do.

11. Let me give you a hand with these suitcases.

To give sb a hand heißt *jdm. zur Hand gehen, jdm. helfen.*

12. I'm off.

To be off bedeutet *weg sein.* Im US-amerikanischen Englisch hört man auch oft die Variante: **I'm taking off.** – *Ich gehe jetzt.*

13. I'm done.

14. Well done!

15. Never mind!

16. That's life!

17. I'm dying for a drink.

18. Eigentlich geht dich das nichts an.
 ....

19. Hast du den Verstand verloren?
 ....

20. Ich habe meinen Augen nicht getraut.
 ....

21. Vergiss es!
 ....

22. Bedient euch!
 ....

23. Ich drücke dir die Daumen.
 ....

24. Ich kenne diesen Ort wie meine Westentasche.
 ....

25. Es liegt bei Ihnen.
 ....

26. Was hast du vor?
 ....

27. Ich habe diesen Job satt. / Ich habe die Nase voll von diesem Job.
 ....

28. Ich bin pleite.
 ....

29. Warte einen Moment.
 ....

30. Willst du mich auf den Arm nehmen?
 ....

31. Ich habe keine Lust(, meine Hausaufgaben zu machen).
 ....

32. Es ist alles meine Schuld.
 ....

33. - Was für ein Zufall!
 - Ja, in der Tat.
 ....

34. Das wäre es (dann auch).
 ....

18. Actually, it's none of your business.

19. Have you lost your mind?

20. I couldn't believe my eyes.

Wenn wir von etwas sprechen, das wir gehört haben und unglaublich fanden, sagen wir: **I couldn't believe my ears.** – *Ich habe meinen Ohren nicht getraut.*

21. Forget it!

22. Help yourself! / Help yourselves!

23. I'll keep my fingers crossed.

Dieser Satz ist auch oft in Kurzform zu hören: **Fingers crossed.**

24. I know this place like the back of my hand.

25. It's up to you.

Der Begriff bedeutet: *es hängt von Ihnen ab, es ist Ihre Entscheidung, es liegt bei Ihnen.*

26. What are you up to?

In der Alltagssprache bedeutet **to be up to** so viel wie *machen, tun.*
Wir können den Ausdruck in diversen Zeiten und Kontexten verwenden, z. B.:
What were you up to last night? – *Was hast du gestern Abend gemacht?*
What have you been up to recently? – *Was hast du in letzter Zeit gemacht?*

27. I'm fed up with this job. / I'm sick and tired of this job.

28. I'm broke.

29. Hold on a minute.

30. Are you kidding me?

31. I can't be bothered (to do my homework).

32. It's all my fault.

33. – What a coincidence!
– It is, indeed.

34. That would be it.

New words

....

....

....

....

....

....

....

 Review – Test yourself!

1.	Ich suche Laura.	....
2.	Wie lange musst du normalerweise auf sie warten?	....
3.	Auf wen hast du gewartet, als ich dich gestern Abend gesehen habe?	....
4.	Ich bin nicht mehr so stark wie früher.	....
5.	Diese Woche haben wir nichts Wichtiges gemacht.	....
6.	Soll ich anfangen?	....
7.	Kennst du jemanden, der mich morgen zum Flughafen fahren könnte?	....
8.	Wenn ich ein Auto hätte, würde ich dich dorthin fahren.	....
9.	Sobald du etwas weißt, ruf mich bitte an.	....
10.	Ich möchte, dass du weißt, dass ich heute Verspätung haben werde.	....
11.	Warst du schon mal in Schottland?	....
12.	Es wird dunkel und ich werde müde. Lass uns nach Hause gehen.	....
13.	Wir fuhren nach Hause, als wir diese schreckliche Nachricht im Radio hörten.	....
14.	Wir haben nicht genug Zeit, uns um alle zu kümmern.	....
15.	Weißt du, wo der Parkplatz ist?	....
16.	Kannst du mir sagen, wie sie heißt?	....
17.	Es herrscht zu viel Verkehr, um pünktlich dort anzukommen, und es ist ohnehin schon zu spät.	....

1. I'm looking for Laura.
2. How long do you usually have to wait for her?
3. Who were you waiting for when I saw you last night?
4. I'm not as strong as I used to be.
5. This week, we haven't done anything important.
6. Shall I begin?
7. Do you know anyone who could drive me to the airport tomorrow?
8. If I had a car, I would drive you there.
9. As soon as you know something, call me, please.
10. I want you to know that I will be late today.
11. Have you ever been to Scotland?
12. It's getting dark, and I'm getting tired. Let's go home.
13. We were driving home when we heard this terrible news on the radio.
14. We don't have enough time to take care of everyone.
15. Do you know where the car park is?
16. Can you tell me what her name is?
17. There's too much traffic to get there on time and, anyway, it's already too late.

Dieses Kapitel enthält 68 Sätze, in denen das gesamte grammatikalische Material dieses Buches zusammengefasst ist. Wenn Sie die Sätze analysieren und übersetzen, wiederholen Sie sämtliche Themen und können somit Ihre Sprachfähigkeiten testen. Viel Erfolg!

18. Darf ich Sie bitten, die Musik leiser zu stellen? ....

19. Um wie viel Uhr soll ich kommen? ....

20. Niemand wird mich dazu bringen, meine Meinung zu ändern. ....

21. Seine Geschichte brachte mich zum Weinen. ....

22. Wer hat dich angerufen? ....

23. Wen hast du angerufen? ....

24. Hat das neue Buch so viele Seiten wie das alte? ....

25. Ich traute meinen Ohren nicht. Er sagte, es sei meine Schuld. ....

26. Davon habe ich noch nie gehört. ....

27. Ich habe bereits einige Anrufe getätigt, aber die Reservierung / Buchung habe ich noch nicht vorgenommen. ....

28. Ich kann erst wieder arbeiten gehen, wenn ich ein Kindermädchen gefunden habe. ....

29. Warten wir damit, bis sie zurückkommen. ....

30. Ich hätte gerne so viel Geld wie er. ....

31. Hast du schon zu Mittag gegessen? ....

32. Es wird großen Einfluss auf unser Unternehmen haben. ....

33. Könnte ich kurz mit Ihnen sprechen? ....

34. Sie schreien ihn immer an, und sie entschuldigen sich nie bei ihm dafür. ....

18. May I ask you to turn down the music?
19. What time do you want me to come?
20. Nobody will make me change my mind.
21. His story made me cry.
22. Who called you?
23. Who did you call?
24. Does the new book have as many pages as the old one?
25. I couldn't believe my ears. He said (that) it was my fault.
26. I've never heard of it.
27. I've already made some phone calls, but I haven't made the reservation/booking yet.
28. I can't go back to work unless I find a nanny.
29. Let's wait with it until they come back.
30. I'd like to have as much money as he does / as him.
31. Have you had lunch yet?
32. It will have a big influence on our company.
33. May I have a word with you?
34. They always shout at him, and they never apologize to him for it.

35. Ich habe lange gebraucht, um die Entscheidung zu treffen. ....

36. Wie lange wird es dauern, wenn sie zusammenarbeiten? ....

37. Würde es dir etwas ausmachen, wenn ich das gleiche Kleid wie du kaufen würde? ....

38. Ich hatte noch nie ein blaues Auto. ....

39. Wir leben jetzt nicht mehr zusammen, aber früher schon. ....

40. Wer wird am Bahnhof auf mich warten? ....

41. Was sollen wir heute Abend machen? ....

42. Wirst du mir beim Umzug helfen können? ....

43. Ich bin jetzt in London. ....

44. Ich bin seit drei Tagen in London. ....

45. Wie lange leiten Sie dieses Unternehmen schon? ....

46. Wir versuchen seit heute Morgen, diesen Computer hochzufahren. ....

47. Wenn ich du wäre, würde ich einen IT-Spezialisten anrufen. ....

48. Wenn er pleite wäre, würde er um Geld bitten. ....

49. Ich bin zweimal pro Woche in dieses Kino gegangen. ....

50. Bitte sie, mit dir zu gehen. ....

51. Ich habe ihnen gesagt, sie sollen mit uns kommen, aber sie wollen nicht. ....

35. It took me a long time to make the decision.
36. How long will it take them if they work together?
37. Would you mind if I bought the same dress as yours?
38. I've never had a blue car.
39. We don't live together now, but we used to.
40. Who will be waiting for me at the station?
41. What shall we do tonight?
42. Will you be able to help me with the move?
43. I'm in London now.
44. I've been in London for three days.
45. How long have you been running this company?
46. We've been trying to start this computer since this morning.
47. If I were you, I would call an IT specialist.
48. If he were broke, he would ask for money.
49. I used to go to that cinema twice a week.
50. Ask them to go with you.
51. I told them to join us, but they don't want to.

52. Mach dir nicht die Hose schmutzig. ....

53. Wir haben beide die Einladung bekommen, aber keiner von uns geht hin. ....

54. Sie alle waren bereit, mit uns zu arbeiten, aber keiner von ihnen ist aufgetaucht. ....

55. Diese Wohnung ist weder zu groß noch zu klein. ....

56. Wir könnten entweder ein Flipchart oder einen Projektor verwenden. ....

57. Dieser Bericht bezieht sich auf den Umsatz und besteht aus drei Teilen. ....

58. Ich brauche jetzt einen Drink. Lass uns in die Bar unten gehen. ....

59. Hast du gehört? Sie planen, diesen Sommer zu heiraten. ....

60. Ich esse kein Fleisch, aber das Fleisch, das du isst, sieht lecker aus. ....

61. Biegen Sie beim nächsten Kreisverkehr rechts ab. ....

62. Meine Schwester ist so alt wie deine. ....

63. Letztes Jahr haben wir unseren zwanzigsten Hochzeitstag gefeiert. ....

64. Du brauchst nicht einzukaufen. Ich gehe sowieso in den Supermarkt. ....

65. Ich war noch nicht in so vielen Ländern wie Sie. ....

66. Ich möchte einen neuen Mantel kaufen, weil der, den ich habe, alt und abgenutzt ist. ....

67. Die Bücher wurden bereits verschickt. Sie wurden gestern versendet. ....

68. Wir sind fertig! Was sollen wir jetzt machen? ....

52. Don't get your trousers dirty.

53. Both of us / We both got the invitation, but neither of us is going.

54. All of them were willing to work with us, but none of them turned up.

55. This flat is neither too big nor too small.

56. We could use either a flip chart or a projector.

57. This report refers to sales and consists of three parts.

58. I'm dying for a drink. Let's go to the bar downstairs.

59. Have you heard? They're planning to get married this summer.

60. I don't eat meat, but the meat you're eating looks tasty.

61. Turn right at the next roundabout.

62. My sister is the same age as yours.

63. Last year, we celebrated our twentieth wedding anniversary.

64. You don't have to do the shopping. I'll be going to the supermarket anyway.

65. I haven't been to as many countries as you (have).

66. I want to buy a new coat because the one (that) I have is old and worn-out.

67. The books have already been sent. They were sent yesterday.

68. We're done! What shall we do now?

New words

New words

PONS